200
recetas vegetarianas

200 recetas vegetarianas

BLUME

Louise Pickford

Título original:
200 veggie feasts

Traducción:
Teresa Jarrín Rodríguez

Revisión técnica de la edición en lengua española:
Eneida García Odriozola
Cocinera profesional
(Centro de formación de cocineros y pasteleros de Barcelona Bell Art).
Especialista en temas culinarios

Coordinación de la edición en lengua española:
Cristina Rodríguez Fischer

Primera edición en lengua española 2011
Reimpresión 2012

Av. Mare de Déu de Lorda, 20
08034 Barcelona
Tel. 93 205 40 00 Fax 93 205 14 41
e-mail: info@blume.net

ISBN: 978-84-8076-957-0
Depósito legal: B. 12.571-2012
Impreso en Tallers Gràfics Soler, S. A.,
Esplugues de Llobregat (Barcelona)

WWW.BLUME.NET

En las recetas que se presentan en este libro se utilizan medidas de cuchara estándar. Una cucharada sopera equivale a 15 ml; una cucharada de café equivale a 5 ml.

El horno debería precalentarse a la temperatura requerida; siga siempre las instrucciones que marca su horno.

No todas las variedades de queso utilizadas en las recetas de este libro son estrictamente vegetarianas, aunque muchas pueden encontrarse en versión vegetariana. Compruebe siempre la etiqueta antes de adquirir un producto.

Las autoridades sanitarias aconsejan no consumir huevos crudos. Este libro incluye algunas recetas en las que se utilizan huevos crudos o poco cocinados. Resulta recomendable y prudente que las personas vulnerables, tales como mujeres embarazadas, madres en período de lactancia, minusválidos, ancianos, bebés y niños en edad preescolar eviten el consumo de los platos preparados con huevos crudos o poco cocinados. Una vez preparados, estos platos deben mantenerse refrigerados y consumirse rápidamente.

Este libro incluye recetas preparadas con frutos secos y derivados de los mismos. Es aconsejable que las personas que son propensas a sufrir reacciones alérgicas por el consumo de los frutos secos y sus derivados, o bien las personas más vulnerables (como las que se indican en el párrafo anterior), eviten los platos preparados con estos productos. Compruebe también las etiquetas de los productos que adquiera para preparar los alimentos.

Este libro se ha impreso sobre papel manufacturado con materia prima procedente de bosques sostenibles. En la producción de nuestros libros procuramos, con el máximo empeño, cumplir con los requisitos medioambientales que promueven la conservación y el uso sostenible de los bosques, en especial de los bosques primarios. Asimismo, en nuestra preocupación por el planeta, intentamos emplear al máximo materiales reciclados, y solicitamos a nuestros proveedores que usen materiales de manufactura cuya fabricación esté libre de cloro elemental (ECF) o de metales pesados, entre otros.

contenido

introducción 6

desayuno y *brunch* 14

entrantes y aperitivos 40

platos principales 72

sopas y guisos 108

ensaladas y guarniciones 138

pan y horneados 172

postres 198

índice 236

agradecimientos 240

introducción

introducción

Con la gran variedad de oferta y los productos de alta calidad que se encuentran hoy en los supermercados y las tiendas de alimentación, es mucho más fácil seguir una dieta vegetariana de lo que lo haya sido nunca. Tanto si usted es vegetariano, como si cocina para algún vegetariano o simplemente está buscando alguna receta inspirada que no lleve carne para disfrutarla de vez en cuando, este libro está lleno de ideas innovadoras para cocinar a diario. Todas las recetas han sido fotografiadas de manera espléndida para que pueda ver con exactitud el resultado, cada una ofrece una variación creativa, y configuran un total de 200 recetas, presentadas en un práctico formato.

el factor tiempo

Como el tiempo es tan precioso en la vida moderna, de ritmo frenético, resulta primordial poder tener una comida en la mesa con la mayor rapidez posible: este libro ha sido diseñado específicamente teniendo esto en mente; por ello ofrece una amplia gama de platos versátiles, rápidos y fáciles de hacer. Puesto que muchas de estas deliciosas recetas pueden prepararse y cocinarse en 30 minutos o menos, consignará rápidamente al olvido cualquier preocupación que tenga acerca de que la comida vegetariana sea más exigente y se tarde más en preparar que la basada en la carne.

Para cocinar de manera más eficaz hace falta saber comprar: así, tendrá siempre a mano todo lo que necesita o podrá comprarlo al volver a casa del trabajo. Si planifica la semana y adquiere los productos básicos y no perecederos en una sola compra, después podrá simplemente ir a buscar los ingredientes frescos como y cuando los necesite. Una alacena bien surtida es impagable, así que asegúrese de tener siempre lo básico al alcance de la mano, como aceite de oliven virgen extra, vinagre balsámico, sal marina, tomates en lata, judías, lentejas, pasta, arroz y harina.

elecciones sanas

Aunque una dieta vegetariana no garantiza una mejor salud, es obvio que facilita la desaparición de los riesgos asociados a la ingesta de carne roja. A menos que sea vegano, lo más probable es que también consuma otros productos animales, como huevos, queso, mantequilla, crema de leche o leche, pero es importante evitar la trampa común

de compensar en exceso la falta de carne consumiendo, en particular, grandes cantidades de queso, que tiene un alto contenido en grasas saturadas que pueden llevar a sufrir del corazón. Una dieta equilibrada es vital para proporcionar al cuerpo la cantidad correcta de proteínas, carbohidratos, grasas esenciales, vitaminas y minerales, y estar sano. Podemos lograrlo comiendo mucha fruta fresca y verdura (la cantidad diaria recomendada es de cinco raciones al día), así como legumbres, cereales y productos de soja, y combinándolo con cantidades sensatas de huevos, leche y queso.

Para sacar el mayor partido de la comida, hay que comprar ingredientes frescos de buena calidad y evitar los alimentos procesados. Compre siempre la fruta, la verdura y las hierbas lo más frescas posibles para obtener los máximos beneficios nutritivos. Hoy, hay muchas más opciones para comprar alimentos ecológicos, pero siguen resultando la alternativa más cara. Siempre merece la pena adquirir huevos ecológicos camperos, pero, en el resto de productos, podrá elegir qué alimento ecológico comprar en función de su presupuesto y de la mejor oferta del día.

Y recuerde que el único modo cien por cien seguro de saber exactamente lo que estamos comiendo es cocinar uno mismo. Así que empiece ya a cocinar y disfrute de la fabulosa cocina vegetariana que le presentamos.

almacenar ingredientes frescos

Una vez que haya comprado los ingredientes de la mejor calidad, es importante utilizarlos cuanto antes o conservarlos de modo que se mantengan lo más frescos posible.

La mayoría de las frutas y las verduras deben guardarse en el frigorífico, pero las que no admiten la refrigeración, como las patatas, las cebollas, el ajo, las manzanas u otros alimentos ricos en almidón, deben almacenarse en un lugar oscuro y fresco, preferiblemente en bolsas de papel.

A menos que haya comprado las hierbas en macetas, el mejor modo de conservarlas y mantenerlas frescas es colocarlas en una bolsa grande de plástico con cremallera y añadir un chorrito de agua fría. Selle la bolsa e introdúzcala en el frigorífico.

recetas para cada ocasión

El libro está dividido en siete capítulos, diseñados para que usted elija con facilidad el tipo de plato que quiere cocinar. Si busca un aperitivo o un plato principal, una ensalada de acompañamiento y un postre, cada receta puede encontrarse en su capítulo respectivo. ¿Planea dar una cena? Puede organizar un menú si busca en los capítulos apropiados para encontrar exactamente lo que quiere. Y tendrá el doble de opciones, gracias a la útil variación que presentamos de cada receta.

Puede parecer que las opciones de **desayuno** y ***brunch*** vegetarianos son limitadas, pero aquí encontrará muchísimas ideas deliciosas para satisfacer al comensal más entendido. Pruebe la riquísima y tentadora tortilla de roqueta y queso de cabra (*véase* pág. 18) o alimente a familia y amigos en un estilo informal con el desayuno vegetariano integral (*véase* pág. 22).

Muchos de los platos de excelente sabor que encontrará en el capítulo de **entrantes y aperitivos** se adecuarán a cualquiera de los dos propósitos, ya que son muy versátiles. Hay varios que pueden estar listos en menos de 20 minutos, como el exótico *haloumi* con salsa de granada (*véase* pág. 42), o el *humus* de alubias, limón y romero (*véase* pág. 68), un delicioso paté de judías.

Lo que encontrará sorprendentemente refrescante en el capítulo de los **platos principales** es que muchas de las recetas no son el estereotipo de una receta vegetariana. Son más bien platos que gustarán tanto a personas que comen carne como a vegetarianos, y que ambos tipos de comensal consumirán de manera regular, como el *risotto* cremoso de guisantes y menta con *brie* (*véase* pág. 80), los canelones de espinacas y ricota (*véase* pág. 100) o los espaguetis con habas tiernas y limón (*véase* pág. 82).

En el capítulo de **sopas y guisos** aparecen recetas de sopa rápidas y fáciles de hacer, apropiadas para comidas diarias familiares, así como otras que constituirían el entrante perfecto para una comida con invitados, como la tentadora sopa de setas con mantequilla de trufa (*véase* pág. 112). Algunos de los platos son guisos más sustanciosos, ideales para las frías noches de invierno, como por ejemplo, el estupendo *goulash* con bolitas de cebollino (*véase* pág. 130).

En la sección de **ensaladas y guarniciones**, encontrará algunos clásicos de toda la vida, pero en la mayoría de los platos se añade un toque moderno a la receta tradicional, como en las hortalizas asadas con pesto de perejil (*véase* pág. 160) o los boniatos

al horno (*véase* pág. 166), rellenos de crema agria y cebollino. Algunas de las recetas sirven muy bien como acompañamiento de platos principales, mientras que otras pueden constituir una comida ligera y sabrosa.

Hay algo maravillosamente reconfortante en la idea de hornear en casa y encontrará toda una variedad de atrayentes recetas en el capítulo de **pan y horneados**. El celestial aroma del pan recién hecho es difícil de superar y, para asegurarse una cena deliciosa, qué mejor que hornear un sabroso hojaldre. Le sorprenderá ver lo fácil que es hacer sus propias pizzas: ¡la pizza de calabaza asada y salvia (*véase* pág. 192) es una revelación!

Y, por último, pero no por ello menos importante, hay un capítulo dedicado a los **postres**, porque todos necesitamos de vez en cuando mimarnos con las cosas dulces de la vida. ¿Por qué no probar la sencilla, pero totalmente divina *mousse* de chocolate negro (*véase* pág. 200), tan fácil de hacer que no se lo va a creer? O, para una ocasión realmente especial, por ejemplo, si tiene invitados a comer, un tiramisú (*véase* pág. 212): esa receta tan familiar nunca le saldrá más sabrosa.

guía de ingredientes

Las siguientes notas son guías útiles y prácticas sobre algunos de los ingredientes que aparecen en las recetas, incluidos los más inusuales.

huevos

Compre siempre huevos camperos, y, preferiblemente, ecológicos. Si conserva los huevos en el frigorífico, sáquelos siempre 1 hora antes de usarlos para que estén a temperatura ambiente.

suero de leche

Es el líquido que queda cuando la nata se bate para hacer mantequilla. Es similar a la leche, pero tiene

menos grasa y un sabor ligeramente agrio. Resulta una excelente alternativa a la leche o el yogur, y puede encontrarse en las secciones de productos refrigerados de los supermercados o en las herboristerías.

queso *haloumi*

Queso chipriota duro y salado, elaborado con leche de cabra. Debe consumirse nada más derretirlo, pues cuando se enfría puede ponerse bastante correoso.

queso fontina

Queso italiano suave, hecho con leche de vaca, que se funde muy bien. Puede sustituirlo por *mozzarella,* que tiene un sabor aún más suave. Lo puede encontrar en grandes superficies, en tiendas de productos italianos o especializadas.

queso *taleggio*

Este queso suave elaborado con leche de vaca es similar al *brie,* con el que puede sustituirlo. Puede encontrarse en tiendas de quesos o de productos italianos y en grandes superficies.

arroz *arborio*

Arroz italiano de grano medio. Tradicionalmente, se emplea para hacer *risotto,* pues su alto contenido en almidón aporta una consistencia cremosa al plato. Lo encontrará en la mayoría de las tiendas y supermercados.

polenta

Gachas italianas similares a las de harina de maíz, que pueden servirse recién hechas o, una vez asentadas, cortadas en cuadrados para pasarlas por la parrilla. Pueden elaborarse también con harina de maíz. En las recetas de este libro se utiliza polenta instantánea.

fideos *ramen*

Fideos secos tradicionales japoneses que pueden encontrarse en tiendas de productos asiáticos. Existen diversos tipos de fideos secos que se emplean en las sopas japonesas, y podrá elegir cualquiera de ellos para usarlos en las recetas de este libro.

galletas *savoiardi*

Estas galletas finas con forma de dedo y recubiertas de azúcar se emplean tradicionalmente para hacer tiramisú. Las encontrará en la mayoría de las tiendas y supermercados.

hierbas aromáticas

Utilice hierbas frescas siempre que sea posible. Si tiene que usarlas secas, deberá reducir a la mitad la cantidad que se especifique en los ingredientes de la receta. Cómprelas en maceta y colóquelas en el alféizar de la ventana de la cocina: es la alternativa más económica.

hojas de lima *kaffir*

Las hojas de lima *kaffir* son aromáticas y se utilizan ampliamente en la cocina tailandesa. Se pueden comprar frescas en la mayoría de las grandes fruterías, en las tiendas de productos asiáticos y en los supermercados. Las hojas frescas se pueden congelar y utilizarse recién sacadas del congelador.

caldo vegetal

Utilice un caldo vegetal de buena calidad. A menudo, el caldo en polvo es de mayor calidad que las pastillas de caldo, pero pruebe distintas variedades hasta encontrar la que más le guste.

vincotto

Es un condimento italiano elaborado con mosto de uva pasa que se hierve hasta conseguir un jarabe espeso que se deja madurar en barricas de roble. Es similar al vinagre balsámico añejo. Se puede comprar en tiendas de productos italianos, tiendas especializadas y por internet.

marsala

Es un vino siciliano fortalecido, de intenso color y excelente aroma especiado. Se usa tradicionalmente para aromatizar el tiramisú y también constituye un delicioso aperitivo.

pasta *tahini*

Se elabora con semillas molidas de sésamo. Se utiliza mucho en la cocina norteafricana y puede comprarse en herboristerías y tiendas especializadas.

mirin

Es un vino de arroz y dulce que se utiliza en la cocina japonesa y que puede adquirirse en las grandes superficies, las tiendas de productos asiáticos y las herboristerías.

algas *wakame*

Estas algas secas se usan en la cocina japonesa y aportan un intenso aroma a los caldos y las sopas. Pueden encontrarse en las herboristerías y grandes superficies.

desayuno y *brunch*

pan con huevo y queso parmesano

6 raciones
tiempo de preparación **10 minutos**
tiempo de cocción **8-14 minutos**

6 **tomates pera**
4 cucharadas de ***tapenade***
de aceite de oliva virgen extra, para rociar
150 ml de **leche**
3 **huevos**
3 cucharadas de **queso parmesano** recién rallado
50 g de **mantequilla**
6 rebanadas de **pan blanco**
unas **hojas pequeñas de espinaca**
unas **hojas de albahaca**, para servir
sal y **pimienta negra**

Corte los tomates por la mitad y retire las semillas. Colóquelos con el lado cortado hacia arriba en una bandeja para hornear. Ponga un poco de *tapenade* sobre cada tomate y rocíe por encima un poco de aceite. Cuézalos en una parrilla caliente 2 o 3 minutos, hasta que estén blandos y dorados. Manténgalos calientes.

Bata en un cuenco la leche y los huevos, el parmesano y un poco de sal y pimienta. Viértalo en un plato llano. Derrita la mitad de la mantequilla en una sartén grande. Sumerja 3 rebanadas de pan en la mezcla de huevo, póngalas en la sartén y fríalas a fuego medio 3 o 4 minutos, dándoles la vuelta una vez, hasta que estén doradas por los dos lados. Sáquelas de la sartén y manténgalas calientes en el horno a temperatura moderada. Repita lo mismo con el resto de las rebanadas de pan y la mezcla de huevo.

Sirva el pan con huevo con una capa de tomate a la parrilla y las hojas de espinaca y de albahaca.

Para preparar pan con huevo dulce, sumerja 4 rebanadas de *brioche* en una mezcla de 2 huevos batidos, 25 g de azúcar blanquilla y ½ cucharadita de canela molida. Derrita 25 g de mantequilla en una sartén, añada la mitad de las rebanadas de pan y fríalas de 2 a 3 minutos, hasta que estén doradas por los dos lados. Repita la operación con el resto de las rebanadas de *brioche* y la mezcla de huevo. Sirva el pan espolvoreado con azúcar de lustre, y corone con bayas frescas y un poco de nata batida.

tortilla de roqueta y queso de cabra

4 raciones
tiempo de preparación
5 minutos
tiempo de cocción **12 minutos**

12 **huevos**
4 cucharadas de **leche**
4 cucharadas de **hierbas aromáticas variadas**, como **perifollo**, **cebollino**, **mejorana**, **perejil** y **estragón**
50 g de **mantequilla**
125 g de **queso de cabra blando**, cortado en dados
1 manojo pequeño de **hojas pequeñas de roqueta**
sal y **pimienta negra**

Bata los huevos, la leche, las hierbas aromáticas, la sal y la pimienta en un cuenco grande. Derrita un cuarto de la mantequilla en una sartén para tortillas. En cuanto deje de burbujear, añada un cuarto de la mezcla de huevo y deje que se cueza a fuego medio ayudándose con el tenedor para que se haga de manera uniforme.

Esparza un cuarto del queso y un cuarto de las hojas de roqueta sobre una mitad de la tortilla en cuanto esté cocida por la parte inferior pero aún un poco suelta en el centro. Pase con cuidado la tortilla a un plato de servir caliente y dóblela por la mitad. Para conseguir los mejores resultados, sírvala inmediatamente; después, repita todos los pasos para hacer 3 tortillas más y sirva cada una de manera individual. También puede mantenerlas calientes en el horno a temperatura moderada y servirlas juntas.

Para preparar una tortilla de queso y tomate, siga los pasos de la receta hasta el final de la primera etapa. Después, ponga encima de cada tortilla 15 g de queso cheddar rallado y 25 g de tomates cereza cortados por la mitad. Pase con cuidado la tortilla a un plato caliente y dóblela por la mitad. Repita los pasos para hacer 3 tortillas más.

huevo pasado por agua con pan y mostaza

4 raciones
tiempo de preparación
5 minutos
tiempo de cocción **5 minutos**

2 cucharadas de **mostaza de grano entero**, o al gusto
50 g de **mantequilla sin sal**, ablandada
4 **huevos grandes**
4 rebanadas gruesas de **pan blanco**
pimienta negra
mostaza y **berro**, para servir

Bata la mostaza, la mantequilla y la pimienta en un cuenco pequeño.

Pase los huevos por agua en una cacerola durante 4 o 5 minutos. Mientras tanto, tueste el pan; después, unte la mantequilla de mostaza por un lado y corte el pan en trozos alargados.

Sirva los huevos con los pedazos de pan y mostaza, y aderece el plato con un poco de mostaza y de berro.

Para preparar huevo pasado por agua con espárragos, sustituya los trozos de pan tostado por espárragos frescos cocidos al vapor. Corte las puntas de 2 manojos de espárragos y pele los tallos. Cuézalos en agua o al vapor durante 2 minutos, hasta que estén tiernos y sírvalos para mojarlos en el huevo pasado por agua.

desayuno vegetariano integral

4 raciones
tiempo de preparación
10 minutos
tiempo de cocción **35 minutos**

500 g de **patatas cocidas**, cortadas en dados
4 cucharadas de **aceite de oliva**
una **ramita de tomillo**
250 g de **champiñones**
12 **tomates cereza**
4 **huevos**
sal y **pimienta negra**
2 cucharadas de **perejil** picado para aderezar
tostadas con mantequilla para servir (opcional)

Ponga los dados de patata en el fondo de una fuente para hornear. Rocíelos con la mitad del aceite de oliva y esparza las ramitas de tomillo por encima. Salpimiente. Precaliente el horno y hornee la fuente durante 10 minutos a 220 °C.

Remueva bien los dados de patata y luego añada los champiñones. Hornee durante 10 minutos. Agregue los tomates y hornee otros 10 minutos.

Forme cuatro huecos entre las verduras y casque con cuidado un huevo en cada uno de ellos. Hornee durante 3 o 4 minutos, hasta que los huevos estén cocidos. Aderece con perejil y sírvalo directamente de la bandeja, con tostadas y mantequilla.

Para preparar una cena integral vegetal, sin los huevos, utilice 750 g de patatas y 400 g de champiñones. Cocine como se indica en la receta y espolvoree 125 g de queso cheddar sobre las verduras cuando queden 10 minutos para que concluya el horneado.

magdalenas de queso, tomate y albahaca

4 raciones
tiempo de preparación
10 minutos
tiempo de cocción
20-25 minutos

aceite para rociar en pulverizador
150 g de **harina bizcochona**
½ cucharadita de **sal**
100 g de **harina fina de maíz**
65 g de **queso cheddar** rallado
50 g de **tomates secados al sol en aceite**, escurridos y troceados
2 cucharadas de **albahaca** picada
1 **huevo**, ligeramente batido
300 ml de **leche**
2 cucharadas de **aceite de oliva virgen extra**
mantequilla, para servir

Rocíe con aceite un molde de 8 orificios para magdalenas. Tamice la harina y la sal sobre un cuenco e incorpore la harina de maíz, 50 g de queso, los tomates y la albahaca. Forme un hueco en el centro.

Bata el huevo, la leche y el aceite en otro cuenco o jarra, viértalos en el espacio que ha abierto en la mezcla de harina e incorpore. La masa debe quedar un poco grumosa.

Reparta la masa entre los 8 orificios para magdalenas y esparza por encima el queso restante. Precaliente el horno y hornéelas a 180 °C de 20 a 25 minutos hasta que aumenten de tamaño y estén doradas. Déjelas enfriar primero en el molde 5 minutos y después páselas a una rejilla para que terminen de enfriarse. Sírvalas calientes con mantequilla.

Para preparar magdalenas de aceitunas y piñones, sustituya los tomates secados al sol por 100 g de aceitunas negras sin hueso y troceadas e incorpore 50 g de piñones. Mantenga la albahaca o use en su lugar tomillo fresco. Cocine como se indica en la receta.

huevos revueltos con pesto

4 raciones
tiempo de preparación
5 minutos
tiempo de cocción **5 minutos**

12 **huevos**
100 ml de **crema ligera de leche**
25 g de **mantequilla**
4 rebanadas de **pan con granos de trigo malteado**, tostado
4 cucharadas de **pesto** (*véase* pág. 86)
sal y **pimienta negra**

Bata los huevos, la crema de leche y un poco de sal y pimienta en un cuenco. Derrita la mantequilla en una sartén grande antiadherente, añada la mezcla de huevo y remueva a fuego lento con una cuchara de madera hasta que el huevo esté hecho a su gusto.

Ponga una tostada en cada plato de servir. Coloque sobre cada una un cuarto del huevo revuelto, abra un pequeño espacio en el centro y añada una cucharada de pesto. Sirva inmediatamente.

Para preparar huevos revueltos con queso, incorpore en los huevos, justo antes de servir, 125 g de queso de cabra cortado en dados y 2 cucharadas de perejil troceado, y prescinda del pesto.

rösti de patata con huevo frito

4 raciones
tiempo de preparación
15 minutos
tiempo de cocción **15 minutos**

750 g de **patatas Desirée** peladas
1 **cebolla** laminada fina
2 cucharaditas de **romero picado**
4 cucharadas de **aceite de oliva**
4 **huevos grandes**
sal y **pimienta negra**
perejil picado para decorar

Ralle las patatas con un rallador grueso. Envuélvalas en un paño de cocina limpio y presiónelas para que pierdan el exceso de líquido. Páselas a un cuenco e incorpore la cebolla, el romero, la sal y la pimienta.

Caliente la mitad del aceite en una sartén grande. Divida la mezcla de patata en cuatro partes y póngala en montones de 4 × 12 cm en la sartén, presionando para que se apelmacen y formen una especie de tortitas. Cuézalas a fuego medio 5 minutos por cada lado, páselas a platos de servir calientes y manténgalas calientes metiéndolas en el horno a fuego moderado.

Caliente el resto del aceite en la sartén durante aproximadamente 1 minuto hasta que esté muy caliente, añada los huevos de 2 en 2 y fríalos hasta que se formen burbujas y estén crujientes. Sirva los huevos sobre el *rösti*, y aderece con perejil picado.

Para preparar *rösti* con huevo escalfado, ponga agua en un cazo, agregue un poco de sal y llévela a ebullición a fuego lento. Añada 1 cucharada de vinagre de vino blanco. Casque un huevo en una taza. Dé vueltas al agua con una cuchara grande y deje caer suavemente el huevo en el centro para que se cueza de 2 a 3 minutos. Sáquelo del cazo con una espumadera. Repita la operación con el resto de los huevos y termine como se indica en la receta.

tosta con setas variadas

4 raciones
tiempo de preparación
10 minutos
tiempo de cocción **5 minutos**

25 g de **mantequilla**
3 cucharadas de **aceite de oliva virgen extra**, y un poco más para servir
750 g de **setas variadas**, como setas de ostra, shiitake, planas y champiñones, laminadas
2 **dientes de ajo** majados
1 cucharada de **tomillo** picado
la **ralladura** y el **jugo** de 1 **limón**
2 cucharadas de **perejil** picado
4 rebanadas de **pan de masa fermentada**
100 g de **hojas variadas para ensalada**
sal y **pimienta negra**
escamas de queso fresco parmesano, para servir

Derrita la mantequilla con el aceite en una sartén grande. En cuanto la mantequilla deje de burbujear, añada las setas, el ajo, el tomillo, la ralladura de limón, la sal y la pimienta, y deje que se cueza a fuego lento, sin dejar de remover, durante 4 o 5 minutos, hasta que todo esté tierno. Esparza por encima el perejil y rocíelo con un poco de jugo del limón.

Mientras tanto, tueste el pan, y después colóquelo en los platos de servir.

Ponga sobre el pan tostado una cantidad similar de hojas de ensalada y setas, y rocíelo con un poco más de aceite y de jugo de limón. Esparza por encima las escamas de parmesano y sirva inmediatamente.

Para preparar una tosta con setas silvestres y camembert, limpie 3 setas silvestres grandes, vierta 2 cucharadas de aceite, precaliente el grill y cuézalas de 4 a 5 minutos por cada lado. Tueste ligeramente 4 rebanadas de pan de masa fermentada, coloque encima las setas y ponga 2 rodajas de queso camembert sobre cada una. Deje que se hagan en el grill de 2 a 3 minutos, hasta que el queso se funda, y después sirva.

crepes con salsa de arándanos

4-6 raciones
tiempo de preparación **10 minutos**
tiempo de cocción **20 minutos**

15 g de **mantequilla**
150 g de **harina bizcochona**
1 cucharadita de **bicarbonato**
40 g de **azúcar blanquilla**
1 **huevo** batido
350 ml de **suero de leche**
azúcar de lustre, para espolvorear
yogur estilo griego o ***crème fraîche*** para servir

para la **salsa de arándanos**
250 g de **arándanos**
2 cucharadas de **miel clara**
un poco de **jugo de limón**

Caliente los arándanos con la miel y el jugo de limón en un cazo pequeño a fuego lento unos 3 minutos hasta que liberen todo el jugo. Manténgalos calientes.

Derrita la mantequilla en otro cazo pequeño. Tamice la harina y el bicarbonato sobre un cuenco e incorpore el azúcar blanquilla. Bata el huevo y el suero de leche en otro cuenco y vaya incorporándolos gradualmente a los ingredientes secos con la mantequilla derretida sin dejar de batir hasta obtener una masa suave.

Caliente una sartén antiadherente. Ponga en ella cucharadas grandes de masa y cuézalas a fuego vivo durante 3 minutos, hasta que aparezcan burbujas en la superficie. Dé la vuelta a las crepes y deje que se hagan otro minuto. Sáquelas de la sartén y manténgalas calientes en el horno a temperatura moderada. Repita lo mismo con el resto de la masa.

Sirva las crepes con la salsa de arándanos y el yogur estilo griego o la *crème fraîche* por encima, y espolvoreadas con azúcar de lustre.

Para preparar crepes con salsa de manzana especiada, sustituya los arándanos por una jugosa manzana de postre, pelada, sin corazón y troceada. Utilice sirope de arce en lugar de miel, y añada 1 cucharadita de canela molida o al gusto.

ricota con miel y frutos estivales

4 raciones
tiempo de preparación
10 minutos

125 g de **frambuesas frescas**
2 cucharadas de **agua de rosas**
250 g de **queso ricota**
250 g de **bayas estivales variadas**
2 cucharadas de **miel clara con panal**
2 cucharadas de **semillas de calabaza tostadas**
una pizca de **canela molida**

Pase las frambuesas por un cedazo de nailon fino para triturarlas y retirar las semillas y después mézclelas con el agua de rosas. También puede poner las frambuesas y el agua de rosas en un robot de cocina o una batidora para triturarlas y después pasarlas por el cedazo para extraer las semillas.

Corte la ricota en porciones en forma de cuña y colóquela en platos de servir con los frutos estivales. Rocíe por encima la miel y el puré de frambuesas, añada un poco de panal, esparza las semillas de calabaza y espolvoree con canela antes de servir.

Para preparar puré de albaricoque para servir con los frutos estivales y la ricota, utilice albaricoques maduros, deshuesados y troceados en lugar de las frambuesas, y agua de azahar en lugar de agua de rosas. Triture los albaricoques en un robot de cocina o una batidora. No hay necesidad de pasar el puré por un cedazo, pues los albaricoques no tienen semillas.

cruasanes cítricos y especiados

2-4 raciones
tiempo de preparación **15 minutos**
tiempo de cocción **5 minutos**

- 2 **naranjas**
- 50 ml de **crema agria**
- 2 **pomelos** pequeños **rojos o rosas**
- 1 cucharadita de **canela molida**, y un poco más para espolvorear
- 1 cucharada de **azúcar blanquilla**
- 4 **cruasanes**

Ralle la cáscara de una de las naranjas e incorpórela a la crema agria en un cuenco.

Pele la otra naranja y después retire la piel y la membrana blanca de las dos naranjas y del pomelo. Trabajando sobre otro cuenco para recoger el zumo, separe los gajos. Mézclelos junto con el jugo con la canela y el azúcar en una cacerola pequeña. Caliéntelo a fuego lento durante 1 o 2 minutos.

Mientras tanto, precaliente el horno, ponga los cruasanes en una bandeja y hornéelos a 200 °C durante 5 minutos, o hasta que estén completamente calientes y un poco tostados.

Corte los cruasanes tostados en sentido longitudinal y ponga con una cuchara la mezcla de fruta sobre las mitades inferiores. Añada encima la preparación de nata agria y espolvoree canela. Coloque encima las mitades superiores y sirva inmediatamente.

Para preparar cruasanes estivales de crema de fresa, incorpore 250 g de fresas cortadas por la mitad a 150 ml de crema de leche espesa o cuajada y 1 o 2 cucharadas de azúcar de lustre, al gusto. Rocíe la mezcla con un poco de jugo de saúco y rellene con ella los cruasanes.

magdalenas de triple chocolate

6 raciones
tiempo de preparación
10 minutos
tiempo de cocción **15 minutos**

50 g de **pepitas de chocolate negro**
50 g de **mantequilla sin sal**
2 **huevos**
75 g de **azúcar blanquilla**
75 g de **harina bizcochona**
25 g de **cacao en polvo**
25 g de **pepitas de chocolate blanco**

Forre con moldes de papel los orificios de un molde para magdalenas.

Funda las pepitas de chocolate negro y la mantequilla en un cazo pequeño a fuego lento. Bata los huevos, el azúcar, la harina y el cacao en polvo en un cuenco. Incorpore la mezcla de chocolate fundido y las pepitas de chocolate blanco.

Ponga la preparación en los moldes de papel, con la ayuda de una cuchara, precaliente el horno y hornee las magdalenas a 180 °C, durante 12 minutos, hasta que aumenten de tamaño y estén firmes al tacto. Páselas a una rejilla para que se enfríen ligeramente. Sírvalas calientes.

Para preparar magdalenas de chocolate y nueces, sustituya las pepitas de chocolate blanco por 100 g de nueces cortadas en trozos grandes. Cocine como se indica en la receta. Para servir, ponga, si lo desea, una cucharadita de chocolate fundido y la mitad de una nuez sobre cada magdalena.

entrantes y aperitivos

haloumi con salsa de granada

4 raciones
tiempo de preparación
10 minutos
tiempo de cocción **5 minutos**

500 g de **queso *haloumi***, cortado en lonchas
1 cucharada de **miel clara**

para la **salsa de granada**
½ **granada**
4 cucharadas de **aceite de oliva virgen extra**
2 cucharadas de **perejil picado**
1 cucharada de **jugo de limón**
1 **guindilla roja pequeña**, sin semillas y troceada fina
1 **diente de ajo pequeño** majado
1 cucharadita de **sirope de granada** (opcional)
sal y **pimienta negra**

Primero, prepare la salsa de granada. Saque todas las semillas de la granada cuidadosamente y póngalas en un cuenco. Deseche la membrana blanca. Incorpore el resto de los ingredientes y salpimiente.

Caliente una sartén grande antiadherente de 2 a 3 minutos. Añada las lonchas de haloumi en varias tandas y déjelas hacerse a fuego vivo 1 minuto por cada lado, hasta que se doren y se ablanden.

Mientras tanto, caliente la miel en un cazo pequeño hasta que se ponga líquida.

Pase el *haloumi* frito a los platos de servir y coloque encima la salsa con una cuchara. Rocíe por encima la miel y sirva inmediatamente.

Para preparar salsa de aguacate, pele, deshuese y corte en dados finos 1 aguacate pequeño y maduro, y mézclelo con 4 cebolletas troceadas finas, 1 cucharada de jugo de limón, 1 cucharada de cilantro fresco picado, y sal y pimienta al gusto.

buñuelos de maíz dulce y hojas de lima *keffir*

4 raciones
tiempo de preparación
20 minutos, más tiempo de enfriado
tiempo de cocción
unos 45 minutos

275 g de **maíz de lata** escurrido
65 g de **harina**
1 cucharadita de **levadura en polvo**
1 **huevo**, ligeramente batido
2 cucharadas de **salsa de soja clara**
1 ½ cucharadas de **jugo de lima**
4 **hojas de lima *keffir*** picadas finas
1 cucharada de **cilantro fresco** picado
2 cucharadas de **aceite vegetal**

para la **mermelada de guindilla**
500 g de **tomates maduros**
4 **guindillas rojas picantes**
2 **dientes de ajo**
2 cucharadas de **salsa de soja oscura**
200 g de **azúcar moreno blando**
75 ml de **vinagre de arroz**
½ cucharadita de **sal**

Primero, prepare la mermelada de guindilla. Corte en trozos no muy pequeños las guindillas y los dientes de ajo; después, póngalos en un robot de cocina y tritúrelos hasta que tengan una consistencia bastante fluida. Páselos a una cacerola y añada el resto de los ingredientes. Llévelo a ebullición y después baje el fuego y deje que se cueza a fuego lento de 30 a 40 minutos, hasta que se espese y adquiera consistencia de mermelada. Remueva de vez en cuando para impedir que la salsa se pegue. Apártela del fuego y deje que se enfríe completamente.

Ponga la mitad del maíz dulce en un robot de cocina y tritúrelo hasta que adquiera una consistencia bastante fluida. Tamice la harina y la levadura y añada el huevo, la salsa de soja y el jugo de lima. Triture nuevamente hasta que se incorpore todo, y pase la mezcla a un cuenco. Añada el resto del maíz dulce, las hojas de lima *keffir* y el cilantro.

Caliente el aceite en una sartén grande. Ponga en ella 6 cucharadas de masa, aplástelas para que queden planas y fríalas a fuego medio durante 1 minuto y 30 segundos por cada lado hasta que estén hechas por completo. Repita la operación con el resto de la masa para hacer buñuelos de 12 × 5 cm. Sirva los buñuelos calientes con la mermelada de guindilla, y decore el plato con los gajos de lima y las ramitas de cilantro.

Para preparar buñuelos de maíz dulce envueltos, sirva los buñuelos en hojas de lechuga. Emplee 4 hojas grandes de lechuga iceberg o romana. Añada la mermelada de guindilla, envuelva y sirva. Para que el envoltorio sea más sustancioso, emplee tortillas de trigo y rellénelas con lechuga troceada en tiras y la mermelada de guindilla.

gnocchi con mantequilla de salvia

4 raciones
tiempo de preparación
30 minutos
tiempo de cocción
15-18 minutos

500 g de **patatas harinosas**, cortadas en dados
1 **huevo** batido
1 cucharadita de **sal marina**
2 cucharadas de **aceite de oliva**
175 g de **harina**
125 g de **mantequilla**
2 cucharadas de **salvia** picada
sal
queso parmesano recién rallado, para servir

Cueza las patatas en una cacerola llena de agua con un poco de sal de 10 a 12 minutos, hasta que estén tiernas. Escúrralas y vuelva a introducirlas en la cacerola. Caliéntelas suavemente unos segundos para que se sequen. Macháquelas e incorpore, sin dejar de batir, el huevo, la sal, el aceite y la harina hasta formar una masa pegajosa.

Tome de la masa trozos del tamaño de una nuez, deles forma de huevo y hágalos rodar por los dientes de un tenedor.

Lleve a ebullición agua con un poco de sal en una cacerola grande, añada los *gnocchi* (congele los que le sobren para utilizarlos en otro momento) y cuézalos durante 3 minutos, hasta que suban a la superficie. Escurra los *gnocchi* y páselos a los platos de servir.

Mientras tanto, derrita la mantequilla en una sartén. En cuanto deje de burbujear, añada la salvia y deje que se fría a fuego entre medio y vivo durante 2 o 3 minutos, hasta que la salvia esté crujiente y la mantequilla se dore. Vierta los *gnocchi*, esparza queso parmesano rallado y sirva inmediatamente.

Para preparar *gnocchi* con tomates pera y gratén de mantequilla de salvia, cocine como se indica en la receta, pero después de escurrir los *gnocchi*, póngalos en 4 platos individuales para gratinar, corte 8 tomates pera en 4 trozos y distribúyalos por igual entre los platos. Mezcle los tomates con los *gnocchi*. Vierta la mantequilla de salvia sobre ellos y espolvoree por encima queso parmesano rallado. Precaliente la parrilla y gratínelos de 1 a 2 minutos, hasta que se doren.

panini con queso fontina y boniato

2-4 raciones
tiempo de preparación
10 minutos
tiempo de cocción
10-15 minutos

200 g de **boniato** pelado y cortado en rodajas finas
1 cucharada de **aceite de oliva virgen extra**
aceite de girasol para freír
12 **hojas de salvia**
1 **chapata**
2 cucharadas de ***tapenade* de aceituna preparado**
250 g de **queso fontina** cortado en lonchas finas
sal y **pimienta negra**

Unte con aceite de oliva las rodajas de boniato y salpimiéntelas. Caliente una sartén-plancha. Añada las rodajas de boniato en varias tandas, si es necesario, y deje que se hagan 3 o 4 minutos por cada lado hasta que estén tiernas y se les marque la plancha. Retírelas y resérvelas. Limpie la sartén-plancha.

Mientras tanto, caliente un poco de aceite de girasol en una sartén pequeña, agregue las hojas de salvia y fríalas 1 o 2 minutos a fuego entre medio y vivo, sin dejar de remover, hasta que estén crujientes. Retírelas y póngalas a secar sobre papel de cocina.

Corte la chapata en cuartos, y ábralos para que quepan en la sartén-plancha. Caliente la sartén y échele un poco de aceite de girasol. Añada los trozos de chapata, con la parte de miga hacia abajo, y deje que se hagan un minuto.

Extienda el *tapenade* por los lados tostados de la chapata y haga bocadillos con el queso fontina, las hojas de salvia y las rodajas de boniato como relleno.

Ponga los bocadillos acabados en la sartén-plancha y deje que se cuezan de 1 a 2 minutos por cada lado, hasta que estén tostados y el queso del relleno se funda. Sirva inmediatamente con ensalada verde.

Para preparar *panini* con berenjena y mozzarella, utilice 1 berenjena grande, cortada en sentido transversal en rodajas de 5 mm de grosor, en lugar del boniato, y sustituya el queso fontina por mozzarella. Aromatice con hojas de albahaca sin freír, en lugar de con las de salvia.

bruschetta con tomates y ricota

4 raciones
tiempo de preparación **10 minutos**
tiempo de cocción **15 minutos**

500 g de **tomates cereza madurados en la rama**
2 cucharadas de **aceite de oliva virgen extra**
4 rebanadas grandes de **pan de masa fermentada**
1 **diente de ajo grande** pelado
350 g de **queso ricota**
½ ración de **aceite de albahaca** (*véase* pág. 124)
sal y **pimienta negra**
hojas de albahaca, para decorar

Ponga los tomates en una bandeja de horno, salpimiéntelos y rocíelos con aceite de oliva virgen extra. Precaliente el horno y áselos a 220 °C, durante 15 minutos.

Mientras tanto, caliente una sartén-plancha. Añada las rebanadas de pan y deje que se tuesten y se les marque la plancha por los dos lados. Frote toda su superficie con el diente de ajo.

Ponga sobre cada *bruschetta* una loncha de ricota y los tomates asados, y rocíe por encima con el aceite de albahaca. Decore con las hojas de albahaca.

Para preparar *bruschetta* con higos, roqueta y queso feta, tueste 4 rebanadas de pan de masa fermentada, como se indica en la receta, y frótelas con ajo. Mezcle 4 higos frescos cortados en 4 partes con 150 g de queso feta, un buen manojo de hojas pequeñas de roqueta y un poco de menta troceada. Coloque esta mezcla sobre las *bruschette* y sírvalas rociando sobre ellas aceite de oliva virgen extra.

crostini con pesto de guisantes y ricota

8 raciones
tiempo de preparación **10 minutos**, más tiempo de enfriado
tiempo de cocción **10 minutos**

1 **barra de pan pequeña**
3 cucharadas de **aceite de oliva virgen extra**, y un poco más para servir
250 g de **guisantes** frescos o congelados
1 **diente de ajo pequeño** majado
50 g de **queso ricota**
el **jugo** de ½ **limón**
1 cucharada de **menta** picada
15 g de **queso parmesano**, recién rallado
sal y **pimienta negra**

Coloque las rebanadas de pan en una bandeja de horno, vierta 1 cucharada de aceite, precaliente el horno y hornéelas a 190 °C durante 5 o 6 minutos, hasta que estén crujientes y doradas. Déjelas enfriar sobre una rejilla mientras prepara el pesto.

Cueza los guisantes durante 3 minutos en una cacerola llena de agua con sal. Escúrralos y refrésquelos inmediatamente poniéndolos bajo el chorro del agua fría. Ponga los guisantes en un robot de cocina, añada el resto del aceite, el ajo, el queso ricota, el jugo de limón, la menta, el queso parmesano, la sal y la pimienta, y tritúrelos hasta obtener una consistencia fluida.

Extienda el pesto sobre el *crostini* y sírvalo rociando por encima aceite de oliva.

Para preparar *crostini* con pesto de habas tiernas y eneldo, sustituya los guisantes por 250 g de habas tiernas congeladas o frescas y cuézalas durante 3 minutos en una cacerola llena de agua con un poco de sal. Escúrralas bien, refrésquelas poniéndolas bajo un chorro de agua fría y continúe como se indica en la receta, pero sustituya la menta por una cantidad equivalente de eneldo picado.

frittata de queso de cabra y salvia

4 raciones
tiempo de preparación
10 minutos
tiempo de cocción **10 minutos**

25 g de **mantequilla**,
y un poco más si es necesario
18 **hojas de salvia** grandes
50 g de **queso de cabra suave**,
desmenuzado
2 cucharadas de ***crème fraîche***
4 **huevos**
sal y **pimienta negra**

Derrita la mantequilla en una sartén antiadherente. Tan pronto como deje de burbujear, añada las hojas de salvia y deje que se frían de 2 a 3 minutos a fuego entre medio y vivo, sin dejar de remover, hasta que estén crujientes y la mantequilla se dore. Saque 6 hojas y póngalas a secar sobre papel de cocina. Pase las hojas restantes y la mantequilla a un cuenco.

Bata el queso de cabra y la *crème fraîche* en otro cuenco, y los huevos en otro, salpimiente, y después incorpore las hojas de salvia con la mantequilla.

Vuelva a calentar la sartén y añada un poco más de mantequilla, si es necesario. Vierta la mezcla de huevo y distribuya por la sartén cucharadas de la preparación de queso de cabra. Póngalo a fuego medio durante 4 o 5 minutos, hasta que el lado inferior esté hecho, y después páselo a una parrilla precalentada para dorar ligeramente la parte superior. Deje enfriar un poco la *frittata* y después póngala en un plato de servir. Decore con las hojas de salvia que había reservado y sirva con pan crujiente.

Para preparar *frittata* de queso de cabra y espinacas, en lugar de las hojas de salvia, deje que se frían en la mantequilla, durante 2 minutos (o hasta que la espinaca esté blanda), 175 g de hojas pequeñas de espinaca y un diente de ajo majado. Incorpore esta mezcla a los huevos batidos en el segundo paso y cocine como se indica en la receta.

higos al horno con queso de cabra

4 raciones
tiempo de preparación
10 minutos
tiempo de cocción
10-12 minutos

8 **higos frescos y maduros**, pero de carne firme
75 g de **queso de cabra suave**
8 **hojas de menta**
2 cucharadas de **aceite de oliva virgen extra**
sal y **pimienta negra**

para la **ensalada de roqueta**
150 g de **hojas pequeñas de roqueta**
1 cucharada de **aceite de oliva virgen extra**
1 cucharadita de **jugo de limón**
sal y **pimienta negra**

Corte una cruz en la parte superior de cada higo sin que los cortes lleguen hasta la base. Ponga 1 cucharadita de queso de cabra y una hoja de menta en cada higo. Páselos a una bandeja de horno, salpimiéntelos y rocíelos con aceite de oliva. Precaliente el horno y hornéelos a 190 °C durante 10 o 12 minutos, hasta que los higos estén blandos y el queso se haya fundido.

Ponga las hojas de roqueta en un cuenco. Bata el aceite, el jugo de limón, la sal y la pimienta y rocíe con esta mezcla las hojas. Sírvalas con los higos.

Para preparar higos rellenos de mozzarella y albahaca, sustituya el queso de cabra por 125 g de mozzarella cortada en lonchas, y utilice hojas de albahaca en lugar de hojas de menta. Cocine como se indica en la receta. Sirva los higos con ramitas de berro, en lugar de con la ensalada de roqueta.

tofu con aliño de vinagre de guindilla

4 raciones
tiempo de preparación
15 minutos, más tiempo de enfriado
tiempo de cocción
unos 15 minutos

aceite de girasol, para freír
500 g de **tofu japonés**, escurrido
50 g de **harina de maíz**
2 cucharaditas de **sal**, y un poco más para servir
1 cucharadita de **mezcla preparada de 5 especias chinas molidas** (hinojo, anís, clavos, canela y pimienta), y un poco más para servir

para el **aliño de vinagre de guindilla**
75 ml de **vinagre de arroz**
75 ml de **agua**
2 cucharadas de **azúcar blanquilla**
1 cucharada de **salsa de soja clara**
1 **guindilla roja grande**, sin semillas y troceada fina
1 cucharadita de **aceite de sésamo**

Primero, prepare el aliño. Mezcle el vinagre, el agua y el azúcar en un cuenco y remueva hasta que se disuelva el azúcar. Lleve a ebullición en una cacerola, baje el fuego, déjelo a fuego lento durante 5 o 6 minutos y cocine hasta que se reduzca a la mitad y tenga una consistencia de jarabe. Déjelo enfriar 30 minutos y después incorpore, sin dejar de remover, la salsa de soja, la guindilla y el aceite de sésamo. Viértalo en un cuenco de servir.

Caliente 5 cm de aceite de girasol en una cacerola honda y de fondo grueso hasta que alcance entre 180 y 190 °C, o hasta que un dado de pan se dore en 30 segundos. Mientras tanto, corte el tofu en dados de 3 cm. Mezcle la harina de maíz, la sal y las especias chinas en un cuenco. Reboce los dados de tofu con esta mezcla y vaya friéndolos en el aceite caliente 2 o 3 minutos, hasta que estén crujientes y dorados. Sáquelos con una espumadera y déjelos secar sobre papel de cocina.

Coloque el tofu en un plato de servir y espolvoréele un poco más de sal y especias chinas. Sírvalo con el aliño de vinagre para mojar los dados de tofu en él.

Para preparar tofu asado y especiado, corte 500 g de tofu de consistencia firme en dados de 2,5 cm. Mézclelo con 2 cucharadas de salsa de soja, 1 cucharada de salsa de guindilla dulce, 1 cucharadita de miel clara y una pizca de especias chinas molidas. Precaliente el horno y hornee el tofu a 200 °C, de 15 a 20 minutos, hasta que esté dorado.

preparado de berenjena para mojar tortillas de harina

6 raciones
tiempo de preparación
15 minutos, más tiempo de enfriado
tiempo de cocción
15 minutos

1 **berenjena** grande
4 cucharadas de **aceite de oliva virgen extra**
1 cucharadita de **comino** molido
150 ml de **yogur estilo griego**
1 **diente de ajo pequeño** majado
2 cucharadas de **cilantro fresco** picado
1 cucharada de **jugo de limón**
4 **panes de tortilla de harina**
sal y **pimienta negra**

Corte la berenjena en sentido longitudinal en rodajas de 5 mm. Mezcle 3 cucharadas de aceite con el comino, la sal y la pimienta, y unte la berenjena con este preparado. Precaliente una sartén-plancha o una parrilla y deje que se cuezan las berenjenas durante 3 o 4 minutos por cada lado, hasta que estén tiernas y se les marque la plancha. Déjelas enfriar y luego trocéelas finamente.

Mezcle la berenjena con el yogur en un cuenco. Después, incorpore el ajo, el cilantro, el jugo de limón, el resto del aceite y la sal y la pimienta al gusto. Ponga la preparación en un cuenco de servir.

Precaliente una sartén-plancha o el grill para que se hagan las tortillas, 3 minutos por cada lado, hasta que estén tostadas. Córtelas en triángulos y sírvalas inmediatamente con el preparado de berenjena.

Para elaborar preparado de pepino y menta, ralle ½ pepino fino y estrújelo para que escurra toda el agua. Después, póngalo en un cuenco e incorpore el resto de los ingredientes como se indica en la receta, pero sustituya el cilantro por la misma cantidad de menta picada.

falafel en pan pita

4 raciones
tiempo de preparación
15 minutos, más tiempo de remojo
tiempo de cocción **12 minutos**

250 g de **garbanzos secos**
1 **cebolla pequeña**, troceada fina
2 **dientes de ajo**, majados
½ manojo de **perejil**
½ manojo de **cilantro fresco**
2 cucharaditas de **cilantro molido**
½ cucharadita de **levadura en polvo**
aceite de girasol, para freír
4 **panes de pita**
1 **puñado de hojas de ensalada**
2 **tomates**, cortados en dados
yogur estilo griego, para servir

Ponga los garbanzos secos en un cuenco, añada agua fría para cubrirlos unos 10 cm y déjelos en remojo toda la noche.

Escurra los garbanzos, páselos a un robot de cocina y tritúrelos aunque le quede una consistencia bastante terrosa. Añada la cebolla, el ajo, las hierbas aromáticas, el cilantro molido, la levadura, la sal y la pimienta y tritúrelo todo hasta que le quede de una consistencia muy fluida. Mójese las manos y modele con la mezcla 16 formas redondeadas y aplanadas.

Caliente un poco de aceite de girasol en una sartén grande, añada las 16 porciones de masa en varias tandas y fríalas a fuego medio 3 minutos por cada lado hasta que se doren y se hagan por dentro. Sáquelas de la sartén y póngalas a secar sobre papel de cocina.

Parta el pan de pita y rellénelo con el *falafel,* las hojas de ensalada y los dados de tomate. Agregue 1 cucharada de yogur de estilo griego y sirva inmediatamente.

Para preparar ensalada de *falafel*, ponga en un plato 4 puñados de hojas de ensalada variadas con un poco de aceite de oliva virgen extra, jugo de limón, sal y pimienta. Retire las semillas y el corazón a un pimiento rojo, córtelo en dados y esparza éstos sobre la ensalada. Coloque encima el *falafel* y añada también un poco de salsa de yogur *tahini* (*véase* pág. 76).

calabaza con pesto de nuez

4 raciones
tiempo de preparación
15 minutos
tiempo de cocción
20-25 minutos

1 kg de **calabaza**
aceite de oliva virgen extra
sal y **pimienta negra**

para el **pesto de nuez**
50 g de **nueces tostadas**
2 **cebolletas**, troceadas
1 **diente de ajo grande**, majado
50 g de **hojas de roqueta**, y un poco más para servir
3 cucharadas de **aceite de nuez**
3 cucharadas de **aceite de oliva virgen extra**

Corte la calabaza en 8 porciones en forma de cuña. Retire las semillas y la fibra, pero deje la piel. Úntelas en aceite, salpimiéntelas y póngalas en una bandeja de horno grande. Precaliente el horno y áselas a 220 °C de 20 a 25 minutos, hasta que estén tiernas. Deles la vuelta cuando lleven unos 10 minutos.

Mientras tanto, prepare el pesto. Ponga las nueces, las cebolletas, el ajo y la roqueta en un robot de cocina y tritúrelo todo muy fino. Mientras, incorpore gradualmente los aceites. Salpimiente el pesto.

Sirva la calabaza asada con el pesto y las hojas de roqueta adicionales.

Para preparar *gnocchi* con pesto de nuez, elabore el pesto como se indica en la receta. Haga los *gnocchi* según las indicaciones de la receta (*véase* pág. 46), pero utilice la mitad de la cantidad para un entrante, o toda si se trata de un plato principal. Si ya tiene la mitad en el congelador, cuézalos congelados en una cacerola grande con agua con un poco de sal de 5 a 6 minutos, hasta que los *gnocchi* suban a la superficie. Después, escúrralos, páselos a un plato de servir engrasado con mantequilla y póngales encima el pesto.

wantun de setas y jengibre

4 raciones
tiempo de preparación
30 minutos, más tiempo de enfriado
tiempo de cocción
10-12 minutos

2 cucharadas de **aceite de girasol**
1 **diente de ajo**, majado
1 cucharadita de **jengibre**, rallado
250 g de **setas variadas**, troceadas finas
1 cucharada de **salsa de soja oscura**
1 cucharada de **cilantro fresco**, picado
16 ***wantun***

para la **salsa de guindilla de Sichuan**
1 cucharadita de **copos de guindilla seca**
150 ml de **caldo vegetal**
1 cucharada de **vinagre de arroz**
1 cucharada de **salsa de soja clara**
2 cucharaditas de **azúcar blanquilla**
¼ de cucharadita de **pimienta de Sichuan** recién molida

Caliente el aceite en una sartén; añada el ajo y el jengibre y deje que se cuezan durante 2 o 3 minutos a fuego medio, sin dejar de remover. Agregue las setas y la salsa de soja y deje que se hagan, sin dejar de remover, 3 o 4 minutos, hasta que se doren. Retire la sartén del fuego, salpimiente e incorpore el cilantro. Déjelo enfriar.

Mientras tanto, prepare el aliño. Ponga todos los ingredientes en una cacerola y caliéntelos a fuego lento, removiendo, sin que lleguen a hervir. Mantenga el aliño caliente.

Ponga una cucharadita de la mezcla de setas en el centro de cada *wantun.* Moje alrededor del relleno con un poco de agua, doble los *wantun* por la mitad en diagonal y presione los bordes para cerrarlos.

Lleve a ebullición agua con un poco de sal en una cacerola, agregue los *wantun* y cuézalos 2 o 3 minutos, hasta que suban a la superficie. Escúrralos con suavidad y páselos a platos hondos de servir calientes. Cuele sobre ellos el aliño y sirva inmediatamente.

Para preparar *wantun* crujiente de setas, caliente 5 cm de aceite de girasol en un wok o una cacerola honda de base gruesa hasta que alcance entre 180 y 190 °C, o hasta que un dado de pan se dore en 30 segundos. Añada los *wantun* en varias tandas y fríalos 2 o 3 minutos, hasta que estén crujientes y dorados. Sáquelos con una espumadera y déjelos secar sobre el papel de cocina. Sírvalos con mermelada de guindilla (*véase* pág. 44). El *wantun* fresco o congelado se puede encontrar en las tiendas especializadas en comida asiática.

hummus de alubias, limón y romero

4-6 raciones
tiempo de preparación **10 minutos**, más tiempo de enfriado
tiempo de cocción **10 minutos**

6 cucharadas de **aceite de oliva virgen extra**, y un poco más para servir
4 **escalonias** troceadas finas
2 **dientes de ajo grandes**, majados
1 cucharadita de **romero** picado, y unas ramitas más para decorar
la ralladura y el **jugo** de ½ **limón**
2 latas de 400 g de **alubias blancas**
sal y **pimienta negra**
chapata tostada, para servir

Caliente el aceite en una sartén, añada las escalonias, el ajo, el romero picado y la ralladura de limón, y cuézalos durante 10 minutos a fuego lento, removiendo de vez en cuando, hasta que las escalonias estén blandas. Deje que se enfríe.

Pase la mezcla de las escalonias a un robot de cocina, agregue el resto de los ingredientes y triture hasta que quede una consistencia fluida.

Para preparar *hummus* de garbanzos y guindillas, ponga 2 latas de 400 g de garbanzos escurridos en un robot de cocina, junto con 2 guindillas troceadas a las que haya retirado previamente las semillas, 1 diente de ajo grande majado, 2 cucharadas de jugo de limón, y sal y pimienta al gusto. Tritúrelo todo y vierta suficiente aceite de oliva virgen extra como para formar una pasta de consistencia fluida. Sírvalo para mojar en él *crudités*.

tartaletas de cebolla, nueces y queso azul

8 raciones
tiempo de preparación
20 minutos, más tiempo de enfriado
tiempo de cocción
35-40 minutos

40 g de **mantequilla**
500 g de **cebollas** finamente laminadas
2 **dientes de ajo**, majados
1 cucharada de **tomillo**, picado fino
50 g de **nueces**, troceadas
350 g de **pasta de hojaldre**, previamente descongelada en caso de usarla congelada
harina, para espolvorear
150 g de **queso azul**, cortado en dados
sal y **pimienta negra**

Derrita la mantequilla en una sartén, añada las cebollas, el ajo y el tomillo y deje que se cuezan a fuego medio, removiendo de vez en cuando, de 20 a 25 minutos, hasta que se doren y ablanden los ingredientes.

Estire la pasta en una superficie de trabajo espolvoreada con harina para formar un rectángulo de 40 × 20 cm. Recorte los bordes. Corte el rectángulo por la mitad en sentido longitudinal, y después en transversal en cuartos, para obtener 8 cuadrados de 10 cm.

Reparta la mezcla de cebolla entre los cuadrados y extiéndala por toda la superficie, pero deje un borde estrecho alrededor. Esparza por encima el queso azul. Pase las tartaletas a una bandeja de horno grande, precaliente el horno y hornéelas a 220 °C, de 12 a 15 minutos, hasta que la pasta se hinche y el queso se dore. Déjelas enfriar ligeramente y sírvalas calientes.

Para preparar tartaletas de cebolla y queso de cabra, estire la pasta y póngala entera en una bandeja de horno. Extienda la mezcla de cebolla sobre la pasta, dejando 1 cm de borde. Esparza por encima 200 g de queso de cabra suave desmenuzado o cortado en dados, y hornee de 20 a 25 minutos, hasta que la pasta se hinche y el queso se dore.

platos principales

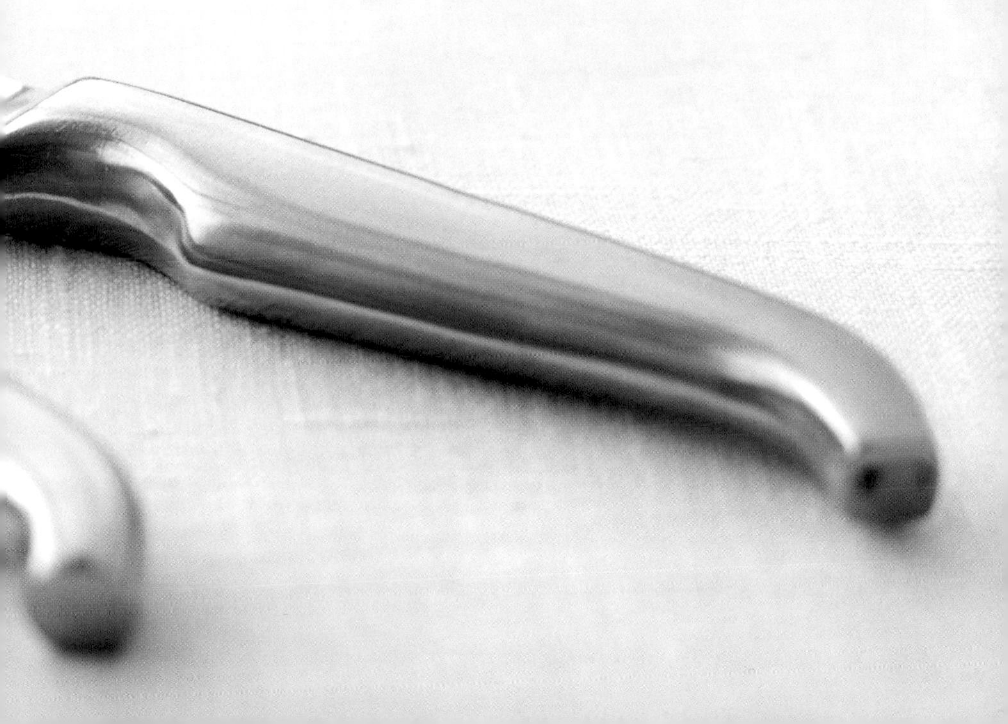

curry de calabaza, tofu y guisantes

4 raciones
tiempo de preparación
15 minutos
tiempo de cocción **25 minutos**

1 cucharada de **aceite de girasol**
1 cucharada de **pasta de curry rojo tailandés**
500 g de **calabaza** pelada y sin semillas, cortada en dados
450 ml de **caldo vegetal**
400 ml de **leche de coco**
6 **hojas de lima *keffir*** ligeramente majadas, y un poco más cortada en tiras para decorar
200 g de **guisantes congelados**
300 g de **tofu de consistencia firme**, cortado en dados
2 cucharadas de **salsa de soja clara**
el **jugo** de 1 lima
cilantro fresco, picado para decorar
guindilla roja, picada fina para decorar

Caliente el aceite en un wok o una sartén honda, añada la pasta de curry y fríala a fuego lento durante 1 minuto. Agregue la calabaza, fríala un poco y después incorpore el caldo, la leche de coco y las hojas de lima *keffir* ligeramente majadas. Llévelo a ebullición; después tape la sartén o el wok, baje el fuego y hierva a fuego lento durante 15 minutos, hasta que la calabaza esté hecha.

Incorpore los guisantes, el tofu, la salsa de soja y el jugo de lima, y déjelo hervir a fuego lento otros 5 minutos, hasta que los guisantes estén cocidos. Sirva en platos hondos, y aderece con hojas de lima *keffir* cortadas en tiras y cilantro troceado.

Para preparar curry de verduras, utilice pasta de curry verde en lugar de pasta de curry rojo. Sustituya la calabaza por 1 zanahoria y 1 calabacín, y 1 pimiento rojo sin semillas, todos laminados; cocine como se indica en la receta.

cuscús y verduras al grill

4 raciones
tiempo de preparación
20 minutos
tiempo de cocción
16-20 minutos

1 **berenjena** grande
2 **calabacines** grandes
2 **pimientos rojos**, sin semillas ni corazones, y cortados en cuartos
4 cucharadas de **aceite de oliva**
200 g de **cuscús**
450 ml de **caldo vegetal**
50 g de **mantequilla**
2 cucharadas de **hierbas aromáticas variadas**, picadas, como menta, cilantro y perejil
el **jugo** de 1 **limón**
sal y **pimienta negra**

para la **salsa de yogur *tahini***
125 g de **yogur de estilo griego**
1 cucharada de **pasta *tahini***
1 **diente de ajo** majado
½ cucharada de **jugo de limón**
½ cucharada de **aceite de oliva virgen extra**

Corte la berenjena y los calabacines en rodajas de 5 mm de grosor y póngalos en un cuenco grande junto con los pimientos rojos. Añada el aceite de oliva, la sal y la pimienta, y remueva bien.

Caliente una sartén-plancha. Incorpore las verduras en varias tandas y cocine 3 o 4 minutos por cada lado, en función de su tamaño, hasta que se ablanden y les quede marcada la plancha.

Mientras tanto, prepare el cuscús. Lleve a ebullición el caldo vegetal y el cuscús en un cuenco. Vierta el caldo hirviendo sobre el cuscús y déjelo en remojo 5 minutos. Separe los granos del cuscús con un tenedor e incorpore la mantequilla, las hierbas aromáticas, el jugo de limón, y la sal y la pimienta al gusto.

Elabore la salsa de yogur *tahini*. Mezcle todos los ingredientes en un cuenco y salpimiente. Sírvala con las verduras y el cuscús.

Para preparar mayonesa de ajo, si desea servirla en lugar de la salsa de yogur *tahini*, maje 1 o 2 dientes de ajo e incorpórelos a 150 g de mayonesa de buena calidad. Sírvala con las verduras y el cuscús.

pimientos rellenos asados

2 raciones
tiempo de preparación
10 minutos
tiempo de cocción
55 minutos-1 hora

4 **pimientos rojos grandes**
2 **dientes de ajo**, majados
1 cucharada de **tomillo** picado, y un poco más para decorar
4 **tomates pera**, cortados por la mitad
4 cucharadas de **aceite de oliva virgen extra**
2 cucharadas de **vinagre balsámico**
sal y **pimienta negra**

Corte los pimientos rojos por la mitad en sentido longitudinal, después retire los corazones y las semillas. Ponga las mitades de pimiento con la cara interna hacia arriba en una bandeja de hornear de cerámica o forrada con papel de aluminio. Reparta el ajo y el tomillo entre los pimientos y salpimiente.

Ponga una mitad de tomate dentro de cada pimiento y rocíela con aceite y vinagre. Precaliente el horno y hornee a 220 °C, de 55 minutos a 1 hora, hasta que los pimientos estén blandos y bastante hechos.

Sírvalos con pan crujiente para mojar en los jugos y una ensalada verde, si lo desea.

Para preparar pimientos de colores asados con queso, utilice una mezcla de pimientos verdes, amarillos y rojos. Después de 45 minutos de horneado, ponga sobre cada pimiento una loncha de mozzarella y siga horneando de 10 a 15 minutos. Sírvalos con pan de soda integral cortado en triángulos.

risotto cremoso de guisantes y menta con queso brie

4 raciones
tiempo de preparación **15 minutos**
tiempo de cocción **35 minutos**

1,2 l de **caldo vegetal**
50 g de **mantequilla**
1 **cebolla** grande, troceada fina
2 **dientes de ajo**, majados
300 g de **arroz** ***arborio***
150 ml de **vino blanco seco**
350 g de **guisantes**, frescos o congelados
½ manojo **de hojas de menta** frescas, picadas
50 g de **queso brie**, cortado en dados
sal y **pimienta negra**
queso parmesano rallado para servir

Lleve a ebullición el caldo a fuego lento en una cacerola.

Mientras tanto, derrita la mantequilla en una cacerola, añada la cebolla, el ajo, la sal y la pimienta, y cuézalo a fuego lento durante 10 minutos, removiendo de vez en cuando, hasta que la cebolla se ablande, sin que llegue a dorarse. Agregue el arroz y deje que se haga 1 minuto, sin dejar de remover, hasta que los granos queden lustrosos. Incorpore el vino y llévelo a ebullición 1 o 2 minutos, hasta que se consuma. Añada los guisantes.

Vierta unos 150 ml de caldo vegetal en el arroz. Deje que se cueza a fuego medio, sin dejar de remover, hasta que se consuma. Continúe añadiendo de este modo el caldo, poco a poco, dejando que se consuma y removiendo constantemente, durante 20 minutos, hasta que el arroz esté al dente y todo el caldo se haya absorbido.

Aparte el cazo del fuego. Incorpore la menta y el brie, tápelo y deje que se asiente durante 5 minutos, hasta que se haya fundido. Sírvalo con queso parmesano rallado.

Para preparar empanadillas de arroz, deje enfriar completamente el *risotto* y después incorpore 1 huevo batido. Reparta la mezcla en pequeñas empanadillas y rebócelas con pan rallado. Caliente un poco de aceite de girasol en una sartén, añada las empanadillas y fríalas, 2 o 3 minutos por cada lado, hasta que se doren y estén hechas por dentro. Sírvalas con ensalada verde.

espaguetis con habas tiernas y limón

4 raciones
tiempo de preparación
10 minutos
tiempo de cocción
15-18 minutos

450 g de **espaguetis**
350 g de **habas tiernas**, frescas o congeladas
4 cucharadas de **aceite de oliva virgen extra**
3 **dientes de ajo** picados finos
1 pizca de **copos de guindilla seca**
la **ralladura** y el **jugo** de 1 **limón**
2 cucharadas de **hojas de albahaca** picadas
sal y **pimienta negra**
queso parmesano recién rallado o **queso pecorino**, para servir (opcional)

Cueza la pasta en una cacerola grande llena de agua con un poco de sal de 10 a 12 minutos, o siga las instrucciones que aparezcan en el envase, hasta que esté al dente. Escúrrala, reserve 4 cucharadas del líquido de la cocción, y ponga de nuevo la pasta en la cacerola.

Entre tanto, cueza las habas en otra cacerola con agua con sal, 3 o 4 minutos. Escúrralas bien.

Mientras se estén cociendo la pasta y las habas, caliente el aceite en una sartén, añada el ajo, los copos de guindilla, la ralladura de limón, la sal y la pimienta, y deje que se cueza a fuego lento, sin dejar de remover, 3 o 4 minutos, hasta que el ajo se ablande, sin que llegue a dorarse.

Incorpore la mezcla de aceite con la pasta, junto con las habas, el agua que reservó de la cocción de la pasta, el jugo de limón y la albahaca, y déjelo a fuego lento, removiendo, hasta que se caliente. Sirva con queso parmesano o pecorino.

Para preparar espaguetis con guisantes y menta, sustituya las habas tiernas por la misma cantidad de guisantes frescos, y prepare la pasta como se indica en la receta, pero añada 2 cucharadas de menta picada en lugar de la albahaca justo antes de servir. También pueden utilizarse guisantes congelados.

salchichas de puerro y tomillo con salsa de arándanos rojos

4 raciones
tiempo de preparación
25 minutos, más tiempo de remojo y enfriado
tiempo de cocción
45-50 minutos

1 cucharada de **aceite de oliva**
1 **puerro** picado fino
2 cucharaditas **de tomillo** picado
150 g de **queso cheddar** rallado
150 g de **pan integral rallado**, fresco
100 g de **queso ricota**
1 cucharada de **mostaza de grano entero**
1 **huevo**, batido
50 g de **pan rallado blanco o integral seco**
aceite de girasol para freír
sal y **pimienta negra**

para la **salsa**
2 cucharadas de **aceite de oliva**
2 **cebollas rojas**, cortadas en rodajas finas
50 g de **arándanos rojos secos**
1 cucharada de **vinagre balsámico**
100 g de **salsa de arándanos rojos y agrios**

Prepare primero la salsa. Caliente el aceite de oliva en una cacerola, añada las cebollas y cuézalas a fuego medio, removiendo de vez en cuando, de 20 a 25 minutos, hasta que se ablanden y se doren. Mientras tanto, ponga en remojo los arándanos en el vinagre. Agréguelos a las cebollas, junto con la salsa de arándanos y 2 cucharadas de agua, y deje que se hagan 10 minutos hasta que se espesen y tengan una consistencia de mermelada. Salpimiente y deje que se enfríe.

Mientras tanto, caliente el aceite de oliva en una sartén, añada el puerro y el tomillo y cueza a fuego medio, removiendo con frecuencia, durante 5 minutos. Déjelo enfriar.

Mezcle la preparación de puerros con el cheddar, el pan rallado fresco, la ricota, la mostaza, la sal y la pimienta en un cuenco. Incorpore el huevo y remueva para obtener una masa blanda. Dé forma a 12 salchichas y rebócelas con el pan rallado seco.

Caliente un poco de aceite de girasol en una sartén, añada la salchichas y fríalas a fuego medio durante 10 minutos, dándoles la vuelta con frecuencia, hasta que se doren y estén hechas. Sírvalas inmediatamente con la salsa.

Para preparar hamburguesas de puerro y tomillo con queso azul, utilice queso azul danés bien desmenuzado en lugar de queso cheddar. Moldee la masa en 8 formas aplanadas tipo hamburguesa, rebócelas con el pan rallado seco y fríalas como se indica en la receta. Sírvalas en panecillos con tiras de lechuga y rodajas de tomate.

tostas de berenjena con pesto

4 raciones
tiempo de preparación **15 minutos**
tiempo de cocción **8-20 minutos**

1 **berenjena** grande
4 cucharadas de **aceite de oliva virgen extra**
4 rebanadas de **pan de masa fermentada**
2 **tomates** grandes, cortados en rodajas gruesas
200 g de **mozzarella**, en lonchas
sal y **pimienta negra**

para el **pesto**
50 g de **albahaca**
1 **diente de ajo**, majado
4 cucharadas de **piñones**
100 ml de **aceite de oliva virgen extra**
2 cucharadas de **queso parmesano** recién rallado

Prepare primero el pesto. Ponga la albahaca, el ajo, los piñones, el aceite, la sal y la pimienta en un robot de cocina y tritúrelo todo hasta que tenga una consistencia bastante fluida. Páselo a un cuenco, incorpore el queso parmesano y rectifique de sal y pimienta.

Corte las berenjenas en rodajas de 1 cm de grosor. Salpimiente el aceite y unte con él las rodajas de berenjena. Caliente una sartén-plancha. Añada las rodajas de berenjena, en varias tandas si es necesario, y cocínelas 4 o 5 minutos por cada lado, hasta que estén tiernas y les quede la marca de la plancha.

Mientras tanto, ponga el pan en el grill.

Coloque una rodaja de berenjena sobre cada tosta. Extienda el pesto. Distribuya las rodajas de tomate y mozzarella y agregue más pesto. Precaliente el grill y áselas de 1 a 2 minutos, hasta que burbujeen y se doren.

Para preparar *buck rarebit* de berenjena, coloque las rodajas de berenjena sobre mitades de panecillos grandes tostados, extienda el pesto y añada las rodajas de tomate y mozzarella. Ponga las tostas al grill hasta que se doren. Corone con un huevo escalfado y sirva inmediatamente.

risotto de remolacha y queso de cabra

4-6 raciones
tiempo de preparación
15 minutos
tiempo de cocción **35 minutos**

1,2 l de **caldo vegetal**
350 g de **remolacha cocida**, cortada en dados
4 cucharadas de **aceite de oliva virgen extra**
1 **cebolla roja**, troceada fina
2 **dientes de ajo**, majados
2 cucharaditas de **tomillo** picado, y un poco más para decorar
300 g de **arroz *arborio* o bomba**
125 ml de **vino tinto**
100 g de **queso de cabra suave**, cortado en dados
100 g de **pacanas**, tostadas y troceadas
sal y **pimienta negra**

Lleve a ebullición a fuego muy lento el caldo y los jugos de la remolacha en una cacerola.

Mientras tanto, caliente el aceite en otra cacerola, añada la cebolla, el ajo, el tomillo, la sal y la pimienta, y póngalo a fuego lento 10 minutos, removiendo de vez en cuando, hasta que la cebolla se ablande, sin que llegue a dorarse. Agregue el arroz y cueza durante 1 minuto, sin dejar de remover, hasta que el grano quede lustroso. Incorpore el vino, y lleve a ebullición el contenido de la cacerola 1 o 2 minutos, hasta que se consuma el líquido. Incorpore la remolacha.

Añada unos 150 ml del caldo al arroz. Deje la cacerola a fuego medio, removiendo sin cesar, hasta que se consuma el caldo. Continúe añadiendo caldo poco a poco y deje que se haga sin dejar de remover, unos 20 minutos, hasta que el arroz esté al dente y absorba todo el caldo.

Aparte la sartén del fuego. Incorpore el queso de cabra y las pacanas, cubra la cacerola y deje reposar el arroz durante 2 o 3 minutos, hasta que el queso se funda. Sírvalo acompañado de ensalada de roqueta.

Para preparar *risotto* de remolacha y mascarpone con piñones, sustituya el queso de cabra por 150 g de mascarpone. Esparza los piñones sobre el *risotto* (alrededor de 1 cucharada por cada ración), en lugar de las pacanas. En la mayoría de los supermercados puede encontrarse remolacha cocida envasada al vacío, y es la mejor opción (aparte de la cocinada en casa) para esta receta.

lasaña de espinacas y champiñones

6-8 raciones
tiempo de preparación
35 minutos, más tiempo de maceración
tiempo de cocción
45-50 minutos

4 cucharadas de **aceite de oliva**
2 **dientes de ajo**, majados
2 cucharaditas de **tomillo** picado
500 g de **champiñones**, laminados
500 g de **espinacas congeladas**, previamente descongeladas
aceite para rociar en pulverizador
200 g de **láminas de lasaña fresca**
sal y **pimienta negra**

para la **salsa de queso**
1,2 l de **leche**
2 **hojas de laurel** frescas
50 g de **mantequilla sin sal**, y un poco más para engrasar
50 g de **harina**
250 g de **queso cheddar** rallado

Primero prepare la salsa. Lleve a ebullición la leche y las hojas de laurel en una cacerola. Apártela del fuego y deje que se macere durante 20 minutos. Saque las hojas de laurel.

Derrita la mantequilla en otra cacerola; añada la harina y deje que se cueza a fuego medio, removiendo sin cesar, durante 1 minuto. Incorpore la leche y deje que siga calentándose, sin dejar de remover, hasta que la mezcla hierva. Baje el fuego y hierva a fuego lento durante 2 minutos. Retire la cacerola del fuego, agregue la mayor parte del cheddar y remueva.

Mientras tanto, caliente el aceite en una sartén; añada el ajo, el tomillo, los champiñones, la sal y la pimienta, y cueza a fuego medio, removiendo con frecuencia, durante 5 minutos, hasta que estén tiernos. Escurra el exceso de líquido de las espinacas y córtelas en trozos no muy pequeños. Incorpórelas a la mezcla de champiñones. Retire la sartén del fuego.

Engrase con el pulverizador de aceite una bandeja para lasaña de 2,5 l de capacidad. Extienda un cuarto de la salsa de queso sobre la base de la bandeja y añada un tercio de la mezcla de champiñones y espinacas y una lámina de lasaña. Repita estas capas dos veces más. Agregue una capa final de salsa para cubrir la lasaña y esparza el resto del queso. Precaliente el horno y hornee la lasaña a 190 °C, de 35 a 40 minutos.

Para preparar lasaña de champiñones, habichuelas y tomate, prescinda de las espinacas y utilice salsa de tomate (*véase* pág. 186). Añada una lata de 425 g de habichuelas escurridas a la mezcla de champiñones y haga capas con la salsa de tomate, la lámina de lasaña y la salsa de queso.

tortilla con tomates a la albahaca

4 raciones
tiempo de preparación
10 minutos
tiempo de cocción
16-20 minutos

4 cucharadas de **aceite de oliva virgen extra**
500 g de **tomates cereza**, cortados por la mitad
unas cuantas **hojas de albahaca** picadas
12 **huevos**
2 cucharadas de **mostaza de grano entero**
50 g de **mantequilla**
100 g de **queso de cabra suave**, cortado en dados
berros, para decorar

Caliente el aceite en una sartén grande; añada los tomates, en varias veces, si es necesario, y cuézalos, removiendo suavemente, de 2 a 3 minutos, hasta que se ablanden. Añada la albahaca y salpimiente. Páselo todo a un cuenco y manténgalo caliente en el horno a temperatura moderada.

Bata los huevos, la mostaza y la sal y la pimienta en otro cuenco. Derrita un cuarto de la mantequilla en una sartén para tortillas o una sartén pequeña. En cuanto deje de burbujear, incorpore un cuarto de la mezcla de huevo y deje que se haga a fuego medio, ayudándose de un tenedor para que la tortilla se cueza de manera uniforme.

Ponga un cuarto del queso de cabra sobre una de las mitades de la tortilla tan pronto como esté cocida por la parte de abajo, pero aún poco hecha en el centro, y deje que siga haciéndose 30 segundos más. Deslice con cuidado la tortilla a un plato de servir caliente y dóblela sobre sí misma. Manténgala caliente en el horno. Repita la misma operación con el resto de la mezcla de huevo para hacer otras 3 tortillas.

Decore las tortillas con berro y sírvalas con los tomates y una ensalada verde.

Para preparar tortilla rellena de tomate, omita el primer paso de la receta. Coloque un cuarto de los tomates con el queso de cabra sobre una mitad de la tortilla tan pronto como esté hecha por la parte de abajo. Continúe como se indica en la receta para acabar la tortilla y sírvala con ensalada de roqueta.

broquetas vegetarianas con *pilaf*

4 raciones
tiempo de preparación **20 minutos**, más tiempo de marinado y reposo
tiempo de cocción **25 minutos**

- 1 cucharada de **romero** picado
- 5 cucharadas de **aceite de oliva virgen extra**
- 2 **calabacines**
- 1 **pimiento rojo** grande, sin semillas
- 16 **champiñones**
- 8 **tomates cereza**
- **yogur estilo griego**, para servir

para el *pilaf*

- 250 g de **arroz *basmati***
- 1 **cebolla** troceada fina
- 2 **dientes de ajo** picados finos
- 6 **vainas de cardamomo**, ligeramente majadas
- 100 g de **arándanos rojos y agrios**, deshidratados
- 50 g de **pistachos** tostados y troceados
- 2 cucharadas de **cilantro fresco** picado
- **sal** y **pimienta negra**

Mezcle el romero con 2 cucharadas de aceite, sal y pimienta en un cuenco grande. Corte los calabacines y el pimiento rojo en trozos grandes; añádalos al aceite, junto con los champiñones y los tomates, y remueva bien. Cubra el cuenco y déjelo marinar durante 20 minutos.

Lave el arroz en agua fría, escúrralo y póngalo en una cacerola. Agregue agua con un poco de sal para cubrir el arroz al menos 5 cm. Llévelo a ebullición durante 10 minutos. Escúrralo bien.

Caliente el resto del aceite en otra cacerola, añada la cebolla, el ajo y las vainas de cardamomo y cocine a fuego lento 5 minutos, removiendo con frecuencia, hasta que se dore ligeramente. Añada el arroz, los arándanos, los pistachos, el cilantro, la sal y la pimienta. Remueva bien y retire la cacerola del fuego, tápela y deje que repose el arroz.

Mientras tanto, caliente una sartén-plancha. Ensarte las verduras alternándolas en 8 broquetas de madera que haya puesto previamente en remojo en agua fría durante 30 minutos. Póngalas en la sartén y deje que se hagan, dándoles la vuelta con frecuencia, durante 10 minutos, hasta que las verduras estén tiernas. Sirva las broquetas con el arroz, y el yogur.

Para preparar *pilaf* con especias variadas, cueza el arroz como se indica en la receta y añada al agua ¼ de cucharadita de azafrán. En una cacerola, cueza 50 g de mantequilla con 1 cebolla troceada, 2 dientes de ajo majados, 1 trozo de canela en rama y 6 clavos durante 4 minutos. Añada el arroz recién cocido y remueva ligeramente. Retire la cacerola del fuego, tápela y deje que repose.

risotto al estilo asiático

4 raciones
tiempo de preparación **15 minutos**
tiempo de cocción **25 minutos**

1,2 l de **caldo vegetal**
1 cucharada de **salsa de soja oscura**
2 cucharadas de ***mirin***
3 cucharadas de **aceite de girasol**
1 cucharada de **aceite de sésamo**
1 **manojo de cebolletas**, cortadas en rodajas gruesas
2 **dientes de ajo**, majados
1 pieza de 2,5 cm de **jengibre fresco**, pelado y rallado
375 g de **arroz *arborio***
6 **hojas de lima *keffir***
250 g de **setas *shiitake***
15 g de **cilantro fresco** picado, y unas ramitas más para decorar

Lleve a ebullición a fuego muy lento en una cacaerola el caldo, la salsa de soja y el *mirin*.

Mientras tanto, caliente 2 cucharadas de aceite de girasol y de aceite de sésamo en otra cacerola, añada las cebolletas, el ajo y el jengibre y deje que se cuezan a fuego vivo 1 minuto, sin dejar de remover. Agregue el arroz y las hojas de lima *keffir* y deje que se hagan a fuego lento 1 minuto, removiendo, hasta que los granos queden lustrosos.

Incorpore al arroz unos 150 ml del caldo. Deje que se cueza a fuego medio, removiendo sin cesar, hasta que se consuma el caldo. Continúe añadiendo caldo poco a poco, sin parar de remover, hasta que se haya absorbido todo el caldo, excepto un cucharón.

Mientras se cuece el *risotto,* lave las setas, deseche los pies y corte todas en láminas menos unas cuantas. Caliente el resto del aceite en una sartén, agregue todas las setas y deje que se hagan a fuego medio 5 minutos, removiendo con frecuencia, hasta que estén doradas.

Añada el cilantro al *risotto*, junto con las setas laminadas y el resto del caldo. Cueza, sin dejar de remover, hasta que el caldo se consuma y el arroz esté al dente. Decore con las setas que había reservado enteras y las ramitas de cilantro.

Para preparar *risotto* al estilo italiano, prescinda de la salsa de soja, el *mirin*, el aceite de sésamo y el jengibre, y utilice setas planas en lugar de *shiitake*. Incorpore 100 g de mascarpone y 4 cucharadas de queso parmesano rallado al final de la cocción, y déjelo reposar 5 minutos antes de servirlo.

tofu frito con albahaca y guindilla

4 raciones
tiempo de preparación
20 minutos
tiempo de cocción **6 minutos**

2 cucharadas de **aceite de girasol**
350 g de **tofu de consistencia firme**, cortado en dados
pieza de 5 cm de **jengibre fresco** cortado en tiras
2 **dientes de ajo**, picados
250 g de **brécol** con el tallo cortado
250 g de **guisantes de vaina**
150 ml de **caldo vegetal**
2 cucharadas de **salsa de guindilla dulce**
1 cucharada de **salsa de soja clara**
1 cucharada de **salsa de soja oscura**
1 cucharada de **jugo de lima**
2 cucharaditas de **azúcar moreno suave**
1 **manojo de hojas de albahaca tailandesa**

Caliente la mitad del aceite en un wok o una sartén honda hasta que humee, añada el tofu y fríalo 2 o 3 minutos, hasta que se dore por todas partes. Retírelo con una espumadera.

Añada a la sartén el resto del aceite, el jengibre y el ajo, y fríalo 10 segundos; después, agregue el brécol y los guisantes de vaina, y saltéelo 1 minuto.

Ponga de nuevo el tofu en la sartén e incorpore el caldo, la salsa de guindilla dulce, las salsas de soja, el jugo de lima y el azúcar. Deje que se haga 1 minuto, hasta que las verduras estén cocidas, pero aún crujientes. Añada las hojas de albahaca y remueva bien. Sirva inmediatamente con arroz o fideos.

Para preparar tofu con verduras y salsa de ostras, cocine el tofu y las verduras como se indica en la receta. Ponga el tofu en la sartén, agregue 50 ml de agua y deje que se haga 1 minuto; después, incorpore 75 ml de salsa de ostras y caliéntelo otro minuto más. Prescinda de la albahaca y decore con cilantro fresco picado.

canelones de espinacas y ricota

4 raciones
tiempo de preparación **25 minutos**
tiempo de cocción **35 minutos**

500 g de **espinacas congeladas**, previamente descongeladas
300 g de **queso ricota**
1 **diente de ajo**, majado
2 cucharadas de **nata líquida**
1 pizca de **nuez moscada** recién rallada
16 **canelones secos**
aceite para rociar en pulverizador
25 g de **queso parmesano**, recién rallado
sal y **pimienta negra**

para la **salsa de tomate**
500 g de **tomates maduros**, cortados en dados
1 **diente de ajo**, majado
75 g de **aceitunas negras**, troceadas
2 cucharadas de **alcaparras** en salmuera, escurridas
1 cucharada de **perejil** picado
2 cucharadas de **aceite de oliva virgen extra**

Escurra el exceso de agua de las espinacas y póngalas en un cuenco. Añada la ricota, el ajo, la crema de leche, la nuez moscada, la sal y la pimienta, y remueva bien hasta que todo esté incorporado de forma uniforme.

Cueza los canelones secos en una cacerola grande durante 5 minutos, o hasta que estén al dente. Escúrralos bien y refrésquelos inmediatamente en agua fría. Séquelos presionándolos un poco con papel de cocina.

Rocíe con un poco de aceite 4 platos individuales para gratinar. Corte un lado de cada canelón y ábralo. Añada 2 cucharadas de la mezcla de espinaca y ricota en un lado y enrolle la pasta para volver a formar los tubos. Reparta la preparación entre los platos.

Mezcle todos los ingredientes de la salsa en un cuenco y después viértala sobre los canelones. Espolvoree el queso parmesano. Cubra los platos con papel de aluminio, precaliente el horno y hornee a 200 °C, durante 20 minutos. Retire el papel de aluminio y hornee otros 10 minutos, hasta que se doren los canelones y se vean burbujas. Sirva inmediatamente.

Para preparar canelones de calabaza y ricota, cueza al vapor de 10 a 12 minutos 500 g de calabaza pelada, sin semillas y cortada en dados finos, hasta que esté tierna. Déjela enfriar completamente antes de mezclarla con la ricota y los otros ingredientes del relleno. Cocine como se indica en la receta.

frittata de espárragos, tomate y queso feta

4 raciones
tiempo de preparación
10 minutos, más tiempo de enfriado
tiempo de cocción
unos **40 minutos**

3 cucharadas de **aceite de oliva**, y un poco más para engrasar
2 **puerros**, cortados en rodajas finas
1 **diente de ajo**, majado
250 g de **espárragos**, cortados
6 **huevos**
100 g de **queso feta** cortado en dados
4 cucharadas de **queso parmesano** recién rallado
175 g de **tomates cereza**
sal y **pimienta negra**

Caliente el aceite en una sartén; añada los puerros y el ajo, y deje que se hagan a fuego medio 10 minutos, removiendo con frecuencia, hasta que estén tiernos. Déjelos enfriar.

Cueza los espárragos en una cacerola grande con agua con un poco de sal durante 2 minutos. Escúrralos, refrésquelos con agua fría y luego séquelos con papel de cocina. Córtelos en pedazos de 5 cm.

Engrase ligeramente con aceite de oliva una bandeja de horno cuadrada de 20 cm y forre la base con papel de hornear antiadherente. Bata los huevos en un cuenco e incorpore la mezcla de puerros, los espárragos, el feta, la mitad del parmesano, sal y pimienta. Vierta la preparación en la bandeja de hornear y ponga encima los tomates. Espolvoree el resto del queso parmesano, precaliente el horno y hornee a 190 °C, de 25 a 30 minutos, hasta que se hinche y adquiera una consistencia firme en el centro.

Déjela enfriar en la bandeja 10 minutos; después, sáquela a una tabla y sírvala caliente con ensalada verde.

Para preparar *frittata* de champiñones, cueza los puerros y el ajo como se indica en la receta con 2 cucharadas de romero picado. Añada 350 g de champiñones laminados y cuézalos 5 minutos más. Prescinda de los espárragos e incorpore los champiñones a una mezcla de 6 huevos batidos con 50 g de parmesano rallado, 2 cucharadas de perejil picado, sal y pimienta. Hornee como se indica en la receta.

curry de patata, garbanzos y anacardos

4-6 raciones
tiempo de preparación **20 minutos**
tiempo de cocción **1 hora**

4 cucharadas de **aceite de girasol**
1 **cebolla**, cortada en rodajas
2 **dientes de ajo**, majados
2 cucharaditas de **jengibre** recién rallado
2 cucharaditas de **cilantro molido**
1 cucharadita de **comino molido**
½ cucharadita de **cúrcuma molida**
½ cucharadita de **canela molida**
¼-½ cucharadita de **guindilla molida**
4 **tomates maduros** troceados
300 ml de **agua**
500 g de **patatas**, cortadas en dados
400 g de **garbanzos de lata** escurridos
250 g de **champiñones**
75 g de **anacardos sin sal**
2 cucharadas de **cilantro fresco** troceado
150 ml de **yogur natural**
sal y **pimienta negra**

Caliente la mitad del aceite en una cacerola grande; añada la cebolla, el ajo, el jengibre, las especias, la sal y la pimienta, y deje que se cueza a fuego lento durante 10 minutos, removiendo de vez en cuando, hasta que la cebolla se ablande.

Agregue los tomates y el agua y llévelo a ebullición; después, baje el fuego, tape la cacerola y deje que hierva a fuego lento 15 minutos. Incorpore las patatas y los garbanzos, cubra la cacerola y deje que se cuezan durante 20 minutos.

Mientras tanto, caliente el resto del aceite en una sartén, añada los champiñones y deje que se hagan a fuego medio durante 3 o 4 minutos, removiendo de vez en cuando, hasta que se doren.

Añada los champiñones al curry, junto con los anacardos y el cilantro fresco, y deje que cueza otros 10 minutos. Incorpore el yogur y caliéntelo todo sin que llegue a hervir. Sírvalo con arroz.

Para preparar curry de berenjena y tomate, haga la cebolla, el ajo, el jengibre y las especias como se indica en la receta e incorpore una lata de 400 g de tomates de lata troceados. Mientras tanto, caliente 3 cucharadas de aceite de girasol en una sartén grande, añada 1 berenjena grande cortada en dados y deje que cueza durante 5 o 6 minutos a fuego medio, removiendo con frecuencia, hasta que se dore. Incorpórela a la salsa junto con los garbanzos, y termine como se indica en la receta.

pastel de cebolla, calabaza y salvia

8 raciones
tiempo de preparación
25 minutos, más tiempo de enfriado
tiempo de cocción
45-55 minutos

50 g de **mantequilla**
750 g de **cebollas**, cortadas en rodajas finas
2 **dientes de ajo**, picados
1 cucharada de **salvia** troceada
1 kg de **calabaza**, pelada y sin semillas
1 cucharada de **aceite de oliva**
2 trozos de **hojaldre** de 350 g cada uno, previamente descongelados si son congelados
harina, para espolvorear
250 g de **queso fontina**, cortado en lonchas
1 **huevo** batido
sal y **pimienta negra**

Derrita la mantequilla en una sartén; añada las cebollas, el ajo, la salvia, la sal y la pimienta y cueza a fuego medio de 20 a 25 minutos. Déjelo enfriar.

Mientras, corte la calabaza en rodajas de 5 mm y úntelas con aceite. Caliente una plancha. Agregue la calabaza y cuézala 2 o 3 minutos por cada lado. Déjela enfriar.

Extienda el hojaldre sobre una superficie de trabajo espolvoreada con harina para formar un rectángulo menor que la bandeja de hornear. Colóquelo en ella. Distribuya la mitad de la mezcla de cebolla dejando un borde de 2,5 cm. Añada la mitad de la calabaza y del queso. Repita estas capas y salpimiente.

Extienda el resto de la masa hasta obtener un rectángulo un poco más grande que el anterior. Unte alrededor del relleno con huevo batido e incorpore esta segunda pieza de hojaldre. Presione sobre los bordes para que se cierren y después decórelos pasando los dientes de un tenedor por encima. Moje con huevo batido y marque la superficie con líneas diagonales.

Precaliente el horno y hornee a 220 °C, de 25 a 30 minutos, hasta que la masa se hinche y se dore. Déjelo enfriar ligeramente, y después córtelo en porciones y sírvalo caliente.

Para preparar pastel de hojaldre *filo* de calabaza, coloque 4 capas de pasta *filo* en una bandeja de hornear de 20 × 30 cm y úntelas con mantequilla derretida a medida que vaya haciendo las capas. Forme capas utilizando los ingredientes que se indican en la receta y después coloque otras 4 capas de pasta *filo*, recortándolas para que entren en la bandeja y untando cada una de ellas con mantequilla. Hornee 30 minutos.

sopas y guisos

sopa de zanahoria y lentejas al curry

4 raciones
tiempo de preparación **15 minutos**
tiempo de cocción **35 minutos**

2 cucharadas de **aceite de oliva**
1 **cebolla**, picada
1 **diente de ajo**, majado
500 g de **zanahorias**, troceadas
1 **patata**, troceada
1 cucharada de **pasta de curry medio**
150 g de **lentejas rojas** previamente remojadas
1 l de **caldo vegetal**
1 cucharada de **cilantro fresco**, picado
sal y **pimienta negra**

para el **aceite de lima**
4 cucharadas de **aceite de oliva virgen extra**
la **ralladura** y el **jugo** de 1 **lima**

Caliente el aceite en una cacerola; añada la cebolla y el ajo y deje que se hagan a fuego medio durante 5 minutos, removiendo con frecuencia. Agregue las zanahorias, las patatas y la pasta de curry; remueva bien y después incorpore el resto de los ingredientes. Llévelo a ebullición y baje el fuego; tape la cacerola y deje que hierva a fuego lento 25 minutos.

Pase el contenido de la cacerola a un robot de cocina o una batidora y tritúrelo hasta obtener una consistencia bien fluida. Viértalo en la cacerola y caliéntelo.

Mientras tanto, prepare el aceite de lima. Bata los ingredientes en un cuenco hasta que se mezclen.

Sirva la sopa en los platos, rocíela con el aceite de lima y acompáñela con panecillos de pan crujiente.

Para preparar sopa especiada de zanahoria y tomate, sustituya la patata por 400 g de tomates de lata troceados, y añádalos a la sopa junto con las lentejas. Incorpore ½ cucharadita de azúcar y después termine como se indica en la receta.

sopa de setas con mantequilla de trufa

6 raciones
tiempo de preparación
15 minutos, más tiempo
de enfriado y remojo
tiempo de cocción **40 minutos**

1 cucharada de ***Boletus edulis* secos**
4 cucharadas de **agua** hirviendo
75 g de **mantequilla**
2 **cebollas**, picadas
2 **dientes de ajo**, majados
2 cucharadas de **tomillo** picado
1 kg de **setas planas**, troceadas
1 l de **caldo vegetal**
250 ml de **crema de leche ligera**, más una cantidad adicional para servir
sal y **pimienta negra**
cebollinos picados para decorar

para la **mantequilla de trufa**
150 g de **mantequilla** ablandada
2 cucharaditas de **pasta de trufa**

Primero, prepare la mantequilla de trufa. Bata la mantequilla y la pasta de trufa en un cuenco hasta que la consistencia sea fluida. Moldee la mantequilla en forma de tronquito, envuelva éste en film transparente e introdúzcalo en el congelador 30 minutos. Córtelo en rodajas.

Mientras tanto, ponga en remojo los *Boletus edulis* en el agua durante 15 minutos. Escúrralos bien, reserve el agua donde han estado en remojo y trocéelos.

Derrita la mitad de la mantequilla en una cacerola, añada las cebollas, el ajo y el tomillo y póngalo a fuego lento 10 minutos, removiendo de vez en cuando. Agregue el resto de la mantequilla, las setas frescas y los *Boletus edulis,* y cuézalos a fuego medio 5 minutos, removiendo con frecuencia, hasta que las setas se ablanden. Incorpore el caldo y el líquido donde puso en remojo los *Boletus edulis.* Llévelo a ebullición y baje el fuego. Cubra la cacerola y deje que hierva a fuego lento 20 minutos.

Pase el contenido de la cacerola a un robot de cocina o una batidora y tritúrelo hasta que adquiera una consistencia bien fluida. Viértalo a la cacerola, incorpore la crema de leche y caliéntelo sin que llegue a hervir. Sirva la sopa en los platos y, en cada ración, añada las rodajas de mantequilla de trufa y el cebollino picado.

Para preparar sopa de setas con nueces y tomillo, sustituya la crema de leche por leche y prescinda de la mantequilla de trufa. Triture la sopa, sírvala en los platos y rocíe cada ración con un poco de aceite de nuez. Decore con unas ramitas de tomillo y nueces bien picadas.

sopa de alubias pintas

3-4 raciones
tiempo de preparación **10 minutos**
tiempo de cocción **25 minutos**

2 cucharadas de **aceite de oliva**
1 **cebolla**, picada
1 **diente de ajo**, majado
1 cucharadita de **guindilla picante molida**
1 cucharadita de **cilantro molido**
½ cucharadita de **comino molido**
400 g de **alubias pintas**, escurridas
400 g de **tomate en lata**, troceado
600 ml de **caldo vegetal**
12 **nachos**
50 g de **queso cheddar**, rallado
sal y **pimienta negra**
crema agria, para servir

Caliente el aceite en una cacerola, añada la cebolla, el ajo, y la guindilla, el cilantro y el comino molidos; cueza a fuego medio durante 5 minutos, removiendo con frecuencia, hasta que la cebolla se ablande. Agregue las alubias, los tomates y el caldo, y salpimiente. Llévelo a ebullición y después baje el fuego, tape la cacerola y deje que hierva a fuego lento 15 minutos.

Pase el contenido de la cacerola a un robot de cocina o una batidora y tritúrelo todo hasta que adquiera una consistencia muy fluida. Viértalo en cuencos resistentes al calor.

Esparza los nachos por encima de la sopa y espolvoree con queso cheddar. Precaliente el grill y póngalos en él 1 o 2 minutos, hasta que el queso se funda. Sirva inmediatamente con crema agria.

Para preparar sopa de alubias pintas con acompañamiento bajo en grasa, prescinda de los nachos y del queso del acompañamiento. Corte 3 panes de pita, precaliente el grill y tuéstelos por los dos lados. Deje que se enfríen ligeramente y después córtelos en triángulos con unas tijeras de cocina. Sírvalos con la sopa, junto con un poco de yogur natural desnatado en lugar de con la crema agria.

sopa de calabaza con salsa de aceitunas

6 raciones
tiempo de preparación **20 minutos**
tiempo de cocción **40 minutos**

4 cucharadas de **aceite de oliva**
1 **cebolla grande** picada
2 **dientes de ajo**, majados
1 cucharada de **salvia picada**
1 kg de **calabaza pelada** sin semillas, cortada en dados
400 g de **alubias blancas** escurridas
1 l de **caldo vegetal**
sal y **pimienta negra**

para la **salsa de aceitunas**
100 g de **aceitunas negras**
3 cucharadas de **aceite de oliva virgen extra**
la **ralladura** de 1 **limón**
2 cucharadas de **perejil picado**

Caliente el aceite en una cacerola; añada la cebolla, el ajo y la salvia y deje que se hagan a fuego lento 5 minutos, removiendo con frecuencia. Agregue la calabaza y las alubias y remueva bien; después, incorpore el caldo y un poco de sal y pimienta.

Llévelo a ebullición y luego baje el fuego, tape la cacerola y deje que hierva a fuego lento 30 minutos, hasta que la calabaza esté tierna. Pase la sopa a un robot de cocina o una batidora y tritúrela hasta que adquiera una consistencia fluida. Viértala a la cacerola, rectifique de sal y pimienta, y caliéntela.

Mientras tanto, prepare la salsa. Corte las aceitunas y mézclelas en un cuenco con el aceite, la ralladura de limón, el perejil, la sal y la pimienta.

Sirva la sopa en platos calientes y corone con una cucharada de la salsa.

Para preparar sopa de calabaza moscada asada, utilice la misma cantidad de calabaza moscada en lugar de la calabaza normal. Mezcle los dados de calabaza con 1 cucharada de aceite de oliva; precaliente el horno y hornee a 200 °C, durante 30 minutos, hasta que la calabaza esté tierna y se dore. Cocine como se indica en la receta, pero con un tiempo de cocción de sólo 15 minutos, en lugar de 30.

sopa de guisantes, patata y roqueta

4-6 raciones
tiempo de preparación
15 minutos
tiempo de cocción **35 minutos**

3 cucharadas de **aceite de oliva virgen extra**, y un poco más para servir
1 **cebolla**, picada fina
2 **dientes de ajo**, picados finos
2 cucharaditas de **tomillo** picado
250 g de **patatas**, troceadas
500 g de **guisantes** congelados o frescos
1 l de **caldo vegetal**
100 de **hojas de roqueta** cortadas en trozos no muy grandes
el jugo de 1 **limón**
sal y **pimienta negra**

Caliente el aceite en una cacerola; añada la cebolla, el ajo y el tomillo y deje que se hagan a fuego lento 5 minutos, removiendo con frecuencia, hasta que la cebolla se ablande. Agregue las patatas y cueza durante 5 minutos, removiendo con frecuencia.

Incorpore los guisantes, el caldo, y sal y pimienta. Llévelo a ebullición y luego baje el fuego, tape la cacerola y cocine a fuego lento durante 20 minutos.

Pase la sopa a un robot de cocina o una batidora, añada la roqueta y el jugo de limón y triture hasta que adquiera una consistencia fluida. Vierta la sopa a la cacerola, rectifique de sal y pimienta y caliéntela. Sírvala inmediatamente, rociando por encima un poco de aceite de oliva.

Para preparar sopa estival de guisantes y espárragos, prescinda de las patatas y añada 250 g de espárragos. Recórteles las puntas y cuézalos en el caldo de 3 a 5 minutos, hasta que estén tiernos. Escúrralos y resérvelos. Conserve el caldo para otra ocasión. Corte en láminas el resto de los espárragos y añádalos a la sopa junto con los guisantes. Sirva la sopa decorada con las puntas de los espárragos.

caldo invernal de verduras y cerveza

6 raciones
tiempo de preparación
20 minutos
tiempo de cocción
50-55 minutos

4 cucharadas de **aceite de oliva**
1 **cebolla**, picada
2 **dientes de ajo** majados
1 cucharada de **romero**, picado
2 **zanahorias**, cortadas en dados
250 g de **chirivías**, cortadas en dados
250 g de **colinabos**, cortados en dados
100 g de **cebada perlada**
600 ml de **cerveza**
1 l de **caldo vegetal**
2 cucharadas de **perejil** picado
sal y **pimienta negra**

Caliente el aceite en una cacerola grande; añada la cebolla, el ajo, el romero, las zanahorias, las chirivías y el colinabo, y deje que se cuezan a fuego lento 10 minutos, removiendo con frecuencia.

Incorpore la cebada, la cerveza, el caldo, la sal y la pimienta y llévelo a ebullición. Baje el fuego, tape la cacerola y deje que hierva a fuego lento de 40 a 45 minutos, hasta que la cebada y las hortalizas estén tiernas. Incorpore el perejil y rectifique de sal y pimienta. Sirva con abundante pan crujiente.

Para preparar sopa de verduras y arroz, prescinda de la cerveza y aumente la cantidad de caldo a 1,5 l. Sustituya la cebada por la misma cantidad de arroz. Utilice 250 g de apionabo en lugar de las chirivías. Continúe preparando la receta como se ha indicado. Sirva la sopa decorada con un poco más de perejil picado y granos de pimienta negra picados.

sopa de boniato y coco

4 raciones
tiempo de preparación **15 minutos**
tiempo de cocción **30 minutos**

2 cucharadas de **aceite de oliva**
1 **cebolla**, picada fina
2 **dientes de ajo** majados
1 cucharadita de **jengibre fresco rallado**
la **ralladura** y el **jugo** de **1 lima**
1 **guindilla roja**, sin semillas y troceada
750 g de **boniatos** pelados y cortados en trozos no muy pequeños
600 ml de **caldo vegetal**
400 ml de **leche de coco**
150 g de **hojas de espinaca pequeñas**
sal y **pimienta negra**

Caliente el aceite en una cacerola; añada la cebolla, el ajo, el jengibre, la ralladura de lima y la guindilla, y deje que se hagan a fuego lento 5 minutos, removiendo con frecuencia, hasta que se ablande la cebolla. Agregue los boniatos y deje cocinar 5 minutos, removiendo con frecuencia.

Incorpore el caldo, la leche de coco, el jugo de lima, la sal y la pimienta. Llévelo a ebullición; después baje el fuego, tape la cacerola y deje que se cueza 15 minutos a fuego lento, o hasta que los boniatos estén tiernos.

Pase la mitad de la sopa a un robot de cocina o una batidora y tritúrela hasta que adquiera una consistencia fluida. Viértala a la cacerola, incorpore las espinacas y deje que se hagan justo hasta que se ablanden. Rectifique de sal y pimienta y sirva inmediatamente.

Para preparar una sopa cremosa de calabaza, cilantro y coco, sustituya los boniatos por la misma cantidad de calabaza pelada, sin semillas y cortada en dados. Deje la sopa al fuego 20 minutos y después tritúrela en un robot de cocina o una batidora hasta que adquiera una consistencia fluida; incorpore 2 cucharadas de cilantro fresco troceado en lugar de las espinacas. Termine como se indica en la receta.

sopa de pasta y alubias con aceite de albahaca

6 raciones
tiempo de preparación **15 minutos**
tiempo de cocción **35 minutos**

2 cucharadas de **aceite de oliva virgen extra**
1 **cebolla**, picada
3 **dientes de ajo**, majados
1 cucharada de **romero**, picado
2 **latas de tomates troceados** de 400 g cada una
600 ml de **caldo vegetal**
400 g de **alubias pintas,** escurridas
125 g de **pasta pequeña seca**
sal y **pimienta negra**
queso parmesano rallado, para servir
para el **aceite de albahaca**
25 g de **albahaca**
150 ml de **aceite de oliva virgen extra**

Caliente el aceite en una cacerola; añada la cebolla, el ajo y el romero, y deje que se cuezan a fuego lento 5 minutos, removiendo con frecuencia, hasta que se ablande la cebolla.

Incorpore los tomates, el caldo, las alubias, la sal y la pimienta. Llévelo a ebullición y luego baje el fuego, tape la cacerola y déjelo 20 minutos a fuego lento. Agregue la pasta y deje que se haga a fuego lento, con la cacerola tapada, otros 10 minutos más, hasta que la pasta esté al dente.

Mientras tanto, prepare el aceite de albahaca. Sumerja las hojas de albahaca en una cacerola de agua hirviendo, y blanquéelas 30 segundos. Escurra la albahaca, refrésquela bajo el grifo de agua fría y séquela completamente con papel de cocina. Ponga en un robot de cocina o en una batidora el aceite y las hojas de albahaca y tritúrelo hasta que adquiera una consistencia muy fluida.

Vierta la sopa en los platos y añada un poco del aceite de albahaca sobre cada ración. Sirva inmediatamente con un poco de queso parmesano rallado por encima.

Para preparar sopa especiada de tomate y alubias mexicanas, sustituya el romero por tomillo y las alubias pintas por 400 g de alubias rojas de lata escurridas. Siga la receta, pero prescinda de la pasta y añada 2 cucharadas de salsa de guindilla a la sopa. Sirva la sopa con un poco de crema agria por encima.

ramen de setas

6 raciones
tiempo de preparación **10 minutos**
tiempo de cocción **15 minutos**

300 g de **fideos *ramen* secos**
1,5 l de **caldo vegetal**
75 ml de **salsa de soja oscura**
3 cucharadas de ***mirin***
350 g **setas variadas**
4 **cebolletas**, cortadas en láminas finas
300 g de **tofu japonés**, escurrido y cortado en dados

Cueza los fideos según las instrucciones del envase. Escúrralos bien, refrésquelos bajo el grifo del agua fría y resérvelos.

Mezcle el caldo, la salsa soja y el *mirin* en una cacerola y llévelo a ebullición; luego baje el fuego para que hierva a fuego lento 5 minutos. Añada las setas y deje que se cuezan a fuego lento otros 5 minutos. Agregue las cebolletas y el tofu.

Mientras tanto, lleve a ebullición el contenido de una jarra de agua. Ponga los fideos, que estaban en el colador, en el fregadero y vierta encima el agua hirviendo. Reparta los fideos en los platos de servir y añada la sopa. Sirva inmediatamente.

Para preparar *ramen* de verduras, prescinda de las setas y sustitúyalas por 125 g de brécol y la misma cantidad de guisantes de vaina y de espárragos troceados. Deje que hiervan a fuego lento 3 minutos en el caldo, y prosiga como se indica en la receta. Los fideos *ramen* se pueden encontrar en tiendas de productos japoneses y en la mayoría de las herboristerías.

tajín de verduras al azafrán

4 raciones
tiempo de preparación **15 minutos**
tiempo de cocción **50 minutos**

100 ml de **aceite de girasol**
1 **cebolla grande**, picada fina
2 **dientes de ajo** majados
2 cucharaditas de **cilantro**, molido
2 cucharaditas de **comino**, molido
2 cucharaditas de **canela**, molida
400 g de **garbanzos de lata** escurridos
400 g de **tomates de lata**, troceados
600 ml de **caldo vegetal**
¼ de cucharadita de **azafrán**
1 **calabacín** grande, troceado
250 g de **champiñones** cortados por la mitad si son grandes
100 g de **higos secos**, troceados
2 cucharadas de **cilantro fresco**, troceado
sal y **pimienta negra**

Caliente 2 cucharadas de aceite en una sartén; añada la cebolla, el ajo y las especias y deje que se hagan a fuego medio 4 minutos, removiendo con frecuencia, hasta que se doren. Con una espumadera, pase el contenido de la sartén a una cacerola y agregue los garbanzos, los tomates, el caldo y el azafrán. Salpimiente.

Caliente el resto del aceite en la sartén, incorpore el calabacín y cuézalo a fuego vivo 5 minutos, removiendo con frecuencia, hasta que se dore. Añádalo al guiso y llévelo a ebullición; luego baje el fuego, tape la cacerola y deje que hierva a fuego lento 20 minutos.

Incorpore los champiñones y los higos, y deje que cuezan a fuego lento, sin tapar, otros 20 minutos más. Agregue el cilantro fresco y rectifique de sal y pimienta. Sírvalo con cuscús al vapor.

Para preparar tajín invernal de verduras y lentejas, sustituya el calabacín por 2 zanahorias cortadas en rodajas y 2 patatas cortadas en dados. En lugar de los garbanzos, utilice 400 g de lentejas verdes de lata, escurridas. Siga como se indica en la receta, e incorpore 100 g de orejones de albaricoque, en lugar de los higos.

goulash con bolitas de cebollino

4 raciones
tiempo de preparación **30 minutos**
tiempo de cocción **45 minutos**

4 cucharadas de **aceite de oliva**
8 **cebollas francesas**, peladas
2 **dientes de ajo**, majados
1 **zanahoria**, troceada
1 **tallo de apio**, cortado en rodajas muy finas
500 g de **patatas** cortadas en dados
1 cucharadita de **semillas de alcaravea**
1 cucharadita de **pimentón ahumado**
400 g de **tomates troceados** de lata
450 ml de **caldo vegetal**
sal y **pimienta negra**

para las **bolitas de cebollino**
75 g de **harina bizcochona**
½ cucharadita de **sal**
50 g de **grasa vegetariana**
1 cucharada de **cebollinos** picados
4-5 cucharadas de **agua**

Caliente el aceite en una cacerola grande; añada las cebollas, el ajo, la zanahoria, el apio, las patatas y las semillas de alcaravea y deje que se hagan a fuego medio 10 minutos, removiendo con frecuencia.

Incorpore los tomates, el caldo, la sal y la pimienta. Llévelo a ebullición; después, baje el fuego, tape la cacerola y deje cocer a fuego lento 20 minutos.

Haga las bolitas de masa. Tamice la harina y la sal sobre un cuenco e incorpore la grasa, el cebollino y pimienta al gusto. Trabajando rápida y ligeramente, incorpore poco a poco suficiente agua como para formar una masa blanda. Repártala en 8 trozos iguales y forme bolitas.

Coloque las bolitas con cuidado en el guiso dejando huecos entre ellas; tape la cacerola y deje que hierva a fuego lento 15 minutos, hasta que las bolitas dupliquen su tamaño y estén ligeras y esponjosas.

Para preparar bolitas de rábano picante, siga los pasos que se indican en la receta, pero utilice 2 cucharaditas de rábano picante fresco rallado en lugar del cebollino troceado. Continúe como se indica en la receta. Estas bolitas están deliciosas con remolacha: prescinda de los tomates, aumente la cantidad de caldo a 600 ml y añada 275 g de remolacha cocida.

guiso de verduras provenzal

4 raciones
tiempo de preparación **15 minutos**
tiempo de cocción **55 minutos**

- 4 cucharadas de **aceite de oliva virgen extra**, y un poco más para rociar
- 1 **cebolla roja** grande cortada en rodajas
- 4 **dientes de ajo**, picados
- 2 cucharaditas de **cilantro** molido
- 1 cucharada de **tomillo**, picado
- 1 **bulbo de hinojo** cortado en láminas
- 1 **pimiento rojo**, sin el corazón ni las semillas y cortado en rodajas
- 500 g de **tomates en rama**, cortados en dados
- 300 ml de **caldo vegetal**
- 125 g de **aceitunas *niçoise***
- 2 cucharadas de **perejil** picado
- rebanadas de **pan crujiente**
- **sal** y **pimienta negra**

Caliente el aceite en una cacerola grande; añada la cebolla, el ajo, el cilantro y el tomillo, y deje que se hagan a fuego medio 5 minutos, removiendo con frecuencia, hasta que la cebolla se ablande. Añada el hinojo y el pimiento rojo, y deje que se hagan 10 minutos, removiendo con frecuencia, hasta que se ablanden.

Incorpore los tomates, el caldo, la sal y la pimienta. Póngalo todo a hervir y luego reduzca el fuego; tape la cacerola y deje que hierva a fuego lento 30 minutos. Incorpore las aceitunas y el perejil, y deje que hierva a fuego lento, sin tapar la cacerola, otros 10 minutos más.

Mientras tanto, caliente una sartén-plancha. Ponga las rebanadas de pan y tuéstelas. Rocíelas generosamente con aceite.

Sirva el guiso caliente con el pan tostado.

Para preparar pasta con salsa provenzal, cueza de 10 a 12 minutos 450 g de *penne* en una cacerola grande llena de agua ligeramente salada, o siguiendo las instrucciones del envase, hasta que estén al dente. Escúrralos bien y emplee el guiso de verduras como salsa, aplicándoselo encima.

guiso de hinojo, pernod y naranja

4 raciones
tiempo de preparación
15 minutos
tiempo de cocción
unos **50 minutos**

2 **bulbos de hinojo**
4 cucharadas de **aceite de oliva virgen extra**
1 **cebolla**, picada
2 **dientes de ajo**, majados
2 cucharaditas de **romero** picado
sal y **pimienta negra**
100 ml de **pernod**
400 g de **tomates de lata troceados**
¼ de cucharadita de **azafrán**
2 tiras de **corteza de naranja**
2 cucharadas de **hojas de hinojo troceadas**
triángulos de polenta a la brasa para servir (*véase* pág. 170)

Corte el hinojo en sentido longitudinal en rodajas de 5 mm de grosor. Caliente la mitad del aceite en una cacerola ancha y poco honda, resistente al calor; añada las rodajas de hinojo, en varias tandas, y deje que se hagan a fuego medio durante 3 o 4 minutos por cada lado, hasta que se doren. Retírelas con una espumadera.

Caliente el resto del aceite en la cacerola; agregue la cebolla, el ajo, el romero, la sal y la pimienta, y cueza a fuego lento 5 minutos, removiendo con frecuencia. Incorpore el pernod, y llévelo a ebullición hasta que se reduzca a la mitad. Añada los tomates, el azafrán y la corteza de naranja, y remueva bien. Coloque las rodajas de hinojo encima.

Lleve a ebullición el contenido de la cacerola y cúbrala con una tapa hermética. Precaliente el horno y mantenga en el horno la cacerola a 180 °C, durante 35 minutos, hasta que el hinojo esté tierno. Añada las hojas de hinojo y sirva el guiso caliente acompañado de triángulos de polenta a la brasa.

Para preparar gratén de hinojo, prepare el guiso de hinojo como se indica en la receta y páselo a una bandeja de gratinar. Mezcle 125 g de pan blanco recién rallado, 4 cucharadas de queso parmesano rallado y 2 cucharadas de perejil troceado. Esparza esta mezcla por encima del guiso de hinojo y hornéelo 35 minutos sin taparlo.

alubias al horno

4-6 raciones
tiempo de preparación **10 minutos**
tiempo de cocción unas **2 horas**

2 latas de 400 g cada una de **alubias pintas** escurridas
1 **diente de ajo**, majado
1 **cebolla**, picada fina
450 ml de **caldo vegetal**
300 ml de ***passata*** (tomates tamizados)
2 cucharadas de **melaza**
2 cucharadas de **tomate triturado**
2 cucharadas de **azúcar moreno blando**
1 cucharada de **mostaza de Dijon**
1 cucharada de **vinagre de vino tinto**
sal y **pimienta negra**

Ponga todos los ingredientes en un recipiente resistente al calor con un poco de sal y pimienta. Cúbralo y llévelo lentamente al punto de ebullición.

Precaliente el horno y hornéelo 1 hora y 30 minutos a 160 °C. Retire la tapa y hornee otros 30 minutos, hasta que la salsa adquiera una consistencia de jarabe. Sirva con tostadas calientes con mantequilla.

Para preparar alubias al horno con patatas asadas, lave 4 patatas grandes Desirée o King Edward, de unos 250 g cada una. Precaliente el horno y hornéelas a 200 °C, alrededor de 1 hora, hasta que estén bien cocidas. Córtelas por la mitad en sentido longitudinal, salpimiéntelas, y vierta las alubias. Ralle un poco de queso cheddar por encima antes de servir. Las alubias al horno están incluso más deliciosas si las hace el día anterior y las calienta antes de servirlas.

ensaladas y guarniciones

ensalada de tomate, aguacate y melocotón

4 raciones
tiempo de preparación
15 minutos
tiempo de cocción **20 minutos**

4 **tomates pera** en rodajas
1 **aguacate** pelado, deshuesado y cortado en rodajas
250 g de **mozzarela** cortada en lonchas
1 **melocotón maduro**, deshuesado y cortado en rodajas
50 g de **aceitunas negras**
1 **guindilla roja**, sin semillas y picada fina
3 cucharadas de **aceite de oliva virgen extra**, y un poco más para rociar
el **jugo** de 1 **lima**
1 cucharada de **cilantro fresco picado**
sal y **pimienta negra**

para el **glaseado balsámico**
600 ml de **vinagre balsámico**

Primero, prepare el glaseado balsámico. Vierta el vinagre en una cacerola y llévelo a ebullición. Baje el fuego y deje que hierva 20 minutos a fuego lento, o hasta que se reduzca alrededor de 150 ml. Déjelo enfriar por completo.

Ponga los tomates, el aguacate y la mozzarela en una fuente grande. Mezcle el melocotón, las aceitunas, la guindilla, el aceite, el jugo de lima, el cilantro, la sal y la pimienta en un cuenco y viértalo sobre la ensalada.

Rocíe un poco de aceite de oliva virgen extra y el vinagre balsámico sobre la ensalada y sírvala.

Para preparar ensalada clásica italiana tricolor, corte en rodajas 4 tomates, 1 aguacate y 250 g de mozzarela y póngalos en una fuente, junto con unas pocas hojas de albahaca picada. Rocíe con un poco de aceite de oliva virgen extra y vinagre de vino blanco y salpimiente.

ensalada de puerro a la plancha con avellanas

4 raciones
tiempo de preparación
10 minutos
tiempo de cocción
12-16 minutos

500 g de **puerros pequeños**
1-2 cucharadas de **aceite de avellana**
1 chorrito de **jugo de limón**
40 g de **avellanas blanqueadas**
2 corazones de **lechuga romana** o tipo cogollo
unas pocas **ramitas de menta**
15 g de **queso pecorino**
20 **aceitunas negras** para decorar

para el **aliño**
4 cucharadas de **aceite de avellana**
2 cucharadas de **aceite de oliva virgen extra**
2 cucharaditas de **vinagre de jerez**
sal y **pimienta negra**

Unte los puerros con el aceite de avellana. Precaliente una sartén-plancha o el grill del horno, y cuézalos de 6 a 8 minutos, dándoles la vuelta con frecuencia, hasta que se doren uniformemente y queden bien hechos por dentro. Mézclelos con el jugo de limón y salpimiéntelos. Déjelos enfriar.

Mientras tanto, caliente una sartén de material resistente, añada las avellanas y dórelas durante 3 o 4 minutos a fuego medio, sin dejar de remover. Déjelas enfriar ligeramente y después córtelas en trozos no muy pequeños. Separe las hojas de lechuga y las hojas de menta de los tallos.

Coloque los puerros en platos de servir y ponga encima las hojas de lechuga, las de menta y las avellanas. Bata todos los ingredientes del aliño en un cuenco pequeño, salpimiente y viértalo sobre la ensalada. Añada unas escamas de queso pecorino por encima y sirva la ensalada acompañada de aceitunas.

Para preparar ensalada de espárragos a la plancha con piñones, sustituya los puerros por la misma cantidad de espárragos. Úntelos con aceite de oliva virgen extra en lugar de con aceite de avellana, y cocínelos y alíñelos como se indica en la receta. Tueste piñones en lugar de avellanas y emplee hojas de estragón en vez de menta. Para el aliño, utilice 4 cucharadas de aceite de oliva virgen extra, 2 cucharadas de aceite de pepitas de uva, 2 cucharaditas de vinagre de estragón y la ralladura de 1 limón, reservando un poco de esta última. Añada unas escamas de parmesano por encima de la ensalada y decore con la ralladura de limón previamente reservada.

ensalada de sandía, hinojo y feta

4 raciones
tiempo de preparación **10 minutos**
tiempo de cocción **2 minutos**

350 g de **habas tiernas** frescas o congeladas
1 **bulbo de hinojo** grande
250 g de **sandía**
125 g de **queso feta**, desmenuzado
sal y **pimienta**

para el **aliño**
3 cucharadas de **aceite de oliva virgen extra**
1 cucharada de **jugo de limón**
1 cucharadita de **miel clara**
1 cucharadita de **jarabe de granada**

Hierva 2 minutos las habas en una cacerola grande llena de agua con un poco de sal. Escúrralas y refrésquelas inmediatamente con agua fría. Séquelas con papel de cocina y después pélelas y deseche la piel. Póngalas en un cuenco.

Corte por la mitad el bulbo de hinojo y después en sentido transversal para obtener rodajas muy finas. Añádalo a las habas, junto con la sandía y el feta.

Bata todos los ingredientes del aliño en un cuenco pequeño y salpimiente. Viértalo sobre la ensalada, remueva y sírvala.

Para preparar ensalada de hinojo, naranja y perejil, corte en rodajas muy finas un bulbo de hinojo grande; póngalas en un cuenco y añada ½ puñado de perejil, 2 cucharadas de alcaparras pequeñas escurridas y 1 naranja pelada y separada en gajos. Agregue el jugo de ½ limón, 1 cucharada de jugo de naranja y una cucharada generosa de aceite de oliva virgen extra. Salpimiente y mezcle bien.

ensalada de cuscús especiada

4 raciones
tiempo de preparación
15 minutos, más tiempo de remojo
tiempo de cocción **3 minutos**

200 ml de **caldo vegetal**
200 ml de **jugo de naranja**
1 cucharadita de **canela** molida
½ cucharadita de **cilantro** molido
250 g de **cuscús**
75 g de **pasas**
2 **tomates maduros**, troceados
¼ de **limón en salmuera** troceado (opcional)
½ **manojo de perejil**, cortado en trozos no muy pequeños
½ **manojo de menta**, cortado en trozos no muy pequeños
1 **diente de ajo**, majado
4 cucharadas de **aceite de oliva virgen extra**
sal y **pimienta negra**

Mezcle el caldo, el jugo de naranja, las especias y ½ cucharadita de sal en una cacerola. Llévelo a ebullición e incorpore el cuscús. Retire la cacerola del fuego, tápela y deje que el cuscús repose 10 minutos.

Ponga las pasas, los tomates, el limón en salmuera (si lo utiliza), las hierbas, el ajo y el aceite en un cuenco grande y mézclelo bien. Incorpore el cuscús y salpimiente. Sírvalo caliente, o déjelo enfriar y degústelo a temperatura ambiente.

Para preparar cuscús *tabbouleh*, siga la receta hasta el primer paso; después, incorpore 4 tomates maduros troceados, ½ pepino cortado en dados, 1 cebolla roja pequeña cortada en dados, ½ manojo de perejil y otro tanto de menta, 4 cucharadas de aceite de oliva virgen extra, el jugo de 1 limón, y sal y pimienta al gusto. Mézclelo todo bien y pruébelo. Añada más jugo de limón, si lo considera necesario.

ensalada de pan de Oriente Próximo

4-6 raciones
tiempo de preparación
10 minutos, más tiempo
de enfriado

2 **panes pita** o **tortillas de maíz**
1 **pimiento verde** grande, sin el corazón y sin semillas, cortado en dados
1 **pepino libanés**, cortado en dados
250 g de **tomates cereza**, cortados por la mitad
½ **cebolla roja**, picada fina
2 cucharadas de **menta**, picada
2 cucharadas de **perejil**, picado
2 cucharadas de **cilantro fresco**, picado
3 cucharadas de **aceite de oliva virgen extra**
el **jugo** de 1 **limón**
sal y **pimienta negra**

Precaliente una sartén-plancha o el grill del horno y tueste el pan durante 2 o 3 minutos. Déjelo enfriar y después pártalo en trozos del tamaño de un bocado.

Ponga en un cuenco el pimiento verde, el pepino, los tomates, la cebolla y las hierbas; añada el aceite, el jugo de limón, la sal y la pimienta, y mézclelo bien. Agregue el pan y vuelva a remover. Sirva la ensalada inmediatamente.

Para preparar ensalada de pan y tomate, trocee 750 g de tomates maduros en un cuenco y añada 4 rebanadas de pan del día anterior, 1 puñado de hojas de albahaca, 125 g de aceitunas negras, 75 ml de aceite de oliva virgen extra, 1 cucharada de vinagre balsámico, sal y pimienta. Mézclelo todo bien y sirva la ensalada.

ensalada de patatas nuevas, albahaca y piñones

4-6 raciones
tiempo de preparación
5 minutos, más tiempo de enfriado
tiempo de cocción **15 minutos**

1 kg de **patatas nuevas**
4 cucharadas de **aceite de oliva virgen extra**
1 ½ cucharadas de **vinagre de vino blanco**
50 g de **piñones tostados**
½ **manojo de albahaca**
sal y **pimienta negra**

Hierva las patatas de 12 a 15 minutos en una cacerola grande llena de agua con un poco de sal hasta que estén tiernas. Escúrralas bien y páselas a un cuenco grande. Si hay alguna patata grande, córtela por la mitad.

Bata el aceite, el vinagre y un poco de sal y pimienta en un cuenco pequeño. Añada la mitad de las patatas, remueva bien y deje que se enfríen completamente.

Agregue los piñones, el resto del aliño y la albahaca, mézclelo bien y sirva la ensalada.

Para preparar ensalada de patata tradicional, cueza 1 kg de patatas como se indica en la receta; escúrralas y déjelas enfriar. Mezcle 150 ml de mayonesa de buena calidad con 1 manojo de cebollinos frescos picados, un chorrito de jugo de limón y sal y pimienta. Incorpore bien con las patatas.

ensalada de espinacas y gorgonzola

4 raciones
tiempo de preparación
5 minutos, más tiempo de enfriado
tiempo de cocción **3 minutos**

1 cucharada de **miel clara**
125 g **nueces**, cortadas por la mitad
250 g de **judías verdes**
200 g de **espinacas mini**
150 g de **queso gorgonzola**, desmenuzado

para el **aliño**
4 cucharadas de **aceite de nuez**
2 cucharadas de **aceite de oliva virgen extra**
1-2 cucharadas de **vinagre de jerez**
sal y **pimienta negra**

Caliente la miel en una sartén pequeña; añada las nueces y fríalas a fuego medio durante 2 o 3 minutos, hasta que estén glaseadas. Páselas a un plato y deje que se enfríen.

Mientras tanto, ponga las judías en una cacerola llena de agua con un poco de sal y hiérvalas 3 minutos. Escúrralas, refrésquelas bajo el grifo del agua fría y agítelas para que se sequen. Colóquelas en un cuenco grande junto con las espinacas.

Bata todos los ingredientes del aliño en un cuenco pequeño y salpimiente. Viértalo sobre la ensalada y mézclelo bien. Ponga la ensalada en los platos, esparza por encima el queso gorgonzola y las nueces glaseadas, y sirva inmediatamente.

Para preparar ensalada de berros, almendras y stilton, sustituya las espinacas por la misma cantidad de berros. Aliñe con 50 g de almendras laminadas tostadas, 200 g de stilton desmenuzado, en lugar del gorgonzola, y un chorrito de aceite de oliva.

ensalada campesina griega con *haloumi*

4 raciones
tiempo de preparación **10 minutos**
tiempo de cocción **2 minutos**

4 **tomates en rama maduros**
½ **cebolla**, troceada
1 **pepino libanés**, cortado en rodajas finas
100 g de **aceitunas negras *kalamata***
250 g de **queso *haloumi***, cortado en lonchas

para el **aliño**
4 cucharadas de **aceite de oliva virgen extra**
1 ½ cucharadas de **vinagre de vino tinto**
1 cucharadita de **orégano seco**
sal y **pimienta negra**

Ponga en un cuenco los tomates, el pepino y las aceitunas. Corte la lechuga en trozos y añádala a la ensalada. Mézclelo bien y colóquelo en una fuente grande.

Bata todos los ingredientes del aliño en un cuenco pequeño y salpimiente. Rocíe un poco sobre la ensalada.

Caliente una sartén de fondo grueso, añada las lonchas de queso *haloumi* y deje que se hagan 1 minuto por cada lado, hasta que estén tostadas y tiernas. Colóquelas sobre la ensalada, rocíe por encima el resto del aliño y sirva inmediatamente.

Para preparar ensalada griega con *croûtons*, sustituya el queso *haloumi* por 200 g de feta desmenuzado. Para hacer los *croûtons*, corte rebanadas gruesas de pan campesino, y luego corte estas últimas en trozos grandes. Caliente un poco de aceite de oliva en una sartén y fría el pan, dándole la vuelta de vez en cuando, hasta que esté crujiente y dorado. Añada un poco más de aceite de oliva, si es necesario. Déjelo enfriar y luego mézclelo con la ensalada, y sirva inmediatamente.

ensalada de higos, judías verdes y pacanas tostadas

4 raciones
tiempo de preparación
5 minutos, más tiempo de enfriado
tiempo de cocción **5-6 minutos**

100 g de **pacanas**
200 g de **judías verdes**
4 **higos** maduros, cortados en cuartos
100 g de **roqueta**
1 manojo pequeño de **menta**
50 g de **queso parmesano** o **pecorino**

para el **aliño**
3 cucharadas de **aceite de nuez**
2 cucharaditas de **vinagre de jerez**
1 cucharadita de ***vincotto***
sal y **pimienta negra**

Caliente una sartén de fondo grueso, añada las pacanas y cuézalas durante 3 o 4 minutos a fuego medio, sin dejar de remover, hasta que se doren. Déjelas enfriar.

Hierva las judías durante 2 minutos en una cacerola llena de agua con un poco de sal. Escúrralas, refrésquelas bajo un chorro de agua fría y séquelas con papel de cocina. Póngalas en un cuenco con los higos, las pacanas, la roqueta y la menta.

Bata todos los ingredientes del aliño en un cuenco pequeño y salpimiente. Vierta el resultado sobre la ensalada y mézclelo bien. Esparza unas escamas de queso parmesano o pecorino.

Para preparar ensalada de judías y alubias mixtas, mezcle 200 g de judías verdes cocidas con 2 latas de 400 g de alubias variadas escurridas, 4 cebolletas bien picadas, 1 diente de ajo majado y 4 cucharadas de hierbas aromáticas variadas troceadas; después, alíñelo con 4 cucharadas de aceite de oliva virgen, el jugo de ½ limón, una pizca de azúcar blanquilla, sal y pimienta. Si no encuentra *vincotto* (*véase* pág. 13), utilice como alternativa vinagre balsámico.

ensalada de verduras tailandesa

4 raciones
tiempo de preparación **10 minutos**
tiempo de cocción **2 minutos**

250 g de **tomates cereza**
1 **pepino libanés**, cortado en rodajas finas
1 **papaya** o un **mango verdes**
1 **guindilla roja** grande, sin semillas y cortada en rodajas finas
150 g de **brotes de soja**
4 **cebolletas**, cortadas en rodajas finas
1 manojo pequeño de **albahaca tailandesa**
1 manojo pequeño de **menta**
1 manojo pequeño de **cilantro fresco**
4 cucharadas de **cacahuetes sin sal**, cortados en trozos no muy grandes

para el **aliño de guindilla**
2 cucharadas de **mermelada de guindilla** (*véase* pág. 44)
2 cucharadas de **salsa de soja clara**
2 cucharadas de **jugo de lima**
4 cucharaditas de **azúcar de palma rallado**

Primero, prepare el aliño. Ponga todos los ingredientes en una cacerola pequeña y caliéntela a fuego lento, sin dejar de remover, hasta que se disuelva el azúcar. Déjelo enfriar.

Incorpore en un cuenco los tomates, el pepino, la papaya o el mango, la guindilla, los brotes de soja, las cebolletas y las hierbas. Añada el aliño y mezcle bien. Páselo a una fuente. Esparza por encima los cacahuetes y sirva inmediatamente.

Para preparar rollos de lechuga con ensalada tailandesa, sirva la ensalada con hojas grandes de lechuga iceberg. Ponga un poco de ensalada en las hojas, enróllelas y mójelas en el aliño de guindilla. Para evitar el picor de la guindilla, haga un aliño de salsa de soja y jugo de lima, y prescinda del azúcar de palma. Omita de la mermelada de guindilla, y añada en su lugar 2 cucharadas de mermelada de lima caliente.

hortalizas asadas con pesto de perejil

4 raciones
tiempo de preparación
15 minutos
tiempo de cocción
50 minutos-1 hora

4 **patatas pequeñas**
1 **cebolla roja**
2 **zanahorias**
2 **chirivías**
8 **dientes de ajo**, sin pelar
4 **ramitas de tomillo**
2 cucharadas **de aceite de oliva virgen extra**

para el **pesto de perejil**
75 g de **almendras blanqueadas**
1 manojo grande de **perejil de hoja plana**
2 **dientes de ajo**, picados
150 ml de **aceite de oliva virgen extra**
2 cucharadas de **queso parmesano**
sal y **pimienta negra**

Corte las patatas y la cebolla en pedazos en forma de cuña, y las zanahorias y las chirivías en cuartos. Cubra con estas hortalizas el fondo de una fuente para horno, de modo que formen una sola capa. Añada los dientes de ajo, las ramitas de tomillo, el aceite, sal y pimienta, y remueva bien hasta que las hortalizas queden impregnadas de manera uniforme. Precaliente el horno y áselas de 50 minutos a 1 hora a 220 °C, hasta que estén tiernas y se doren; remueva a mitad de la cocción.

Mientras tanto, prepare el pesto. Caliente una sartén de fondo grueso; agregue las almendras y dórelas durante 3 o 4 minutos a fuego medio, sin dejar de remover. Páselas a un cuenco y déjelas enfriar.

Ponga las almendras en un mortero o un robot de cocina, añada el perejil, el ajo, sal y pimienta, y májelas con la mano del mortero o tritúrelas en el robot de cocina hasta que se forme una pasta de consistencia no muy fina. Pásela a un cuenco, incorpore el aceite y el queso parmesano, y rectifique de sal y pimienta.

Sirva las hortalizas asadas calientes con el pesto.

Para preparar pasta con pesto de perejil, cueza 450 g de pasta seca en una cacerola grande llena de agua con un poco de sal, y siga las instrucciones que aparecen en el envase, hasta que queden al dente. Mientras tanto, elabore el pesto. Escurra la pasta y reserve 4 cucharadas del agua de la cocción. Ponga de nuevo la pasta y el agua que ha reservado en la cacerola. Añada el pesto, mézclelo bien y sírvalo. La pasta puede acompañar a las hortalizas asadas.

patatas nuevas estofadas con especias

4-6 raciones
tiempo de preparación **15 minutos**
tiempo de cocción **45 minutos**

50 g de **mantequilla**
1 **cebolla pequeña**, picada fina
1 **diente de ajo**, majado
1 cucharadita de **jengibre fresco** rallado
1 cucharadita de **cilantro** molido
½ cucharadita de **cúrcuma** molida
½ cucharadita de **comino molido**
1 kg de **patatas pequeñas** con bajo contenido en almidón
300 ml de **caldo vegetal**
2 **tomates maduros**, cortados en dados
cilantro fresco picado, para decorar
sal y **pimienta negra**

Derrita la mantequilla en una cacerola; añada la cebolla, el ajo, el jengibre y las especias, y cuézalas a fuego lento 5 minutos, removiendo con frecuencia. Agregue las patatas, la sal y la pimienta; remueva bien, e incorpore el caldo y los tomates.

Llévelo a ebullición; después baje el fuego, tape la cacerola y deje que hierva a fuego lento durante 20 minutos.

Quite la tapa y deje que hierva de 15 a 20 minutos, hasta que se reduzca el líquido y se espese y adquiera una consistencia de glaseado. Sirva el plato caliente, decorado con un poco de cilantro fresco picado.

Para preparar patatas nuevas asadas con ajo y romero, ponga en una bandeja de horno 1 kg de patatas pequeñas con bajo contenido en almidón, junto con 12 dientes de ajo enteros y sin pelar, 2 cucharadas de romero picado, la misma cantidad de aceite de oliva, sal y pimienta. Remueva bien, precaliente el horno y hornee de 40 a 45 minutos a 200 °C, hasta que las patatas estén tiernas.

tempura de verduras

4 raciones
tiempo de preparación
20 minutos
tiempo de cocción
unos **20 minutos**

125 g de **brécol**
125 g de **pimiento rojo** cortado en rodajas
125 g de **calabaza** cortada en rodajas
125 g de **habas verdes**
125 g de **calabacín** cortado en rodajas
aceite de girasol, para freír

para la **salsa**
250 ml de **caldo vegetal**
1 cucharada de **algas *wakame*** (*véase* pág. 13)
3 cucharadas de ***mirin***
3 cucharadas de **salsa de soja oscura**

para la **tempura**
1 **yema de huevo**
250 ml de **agua fría**
150 g de **harina**

Primero, prepare la salsa para mojar. Ponga todos los ingredientes en una cacerola para que se cuezan 10 minutos a fuego lento sin que lleguen a hervir. Mantenga la salsa caliente.

Mientras tanto, ponga 5 cm de aceite de girasol y caliéntelo en un wok o en una cacerola honda de fondo grueso hasta que alcance de 180 a 190 °C, o hasta que un dado de pan se dore en 30 segundos.

Bata rápidamente en un cuenco todos los ingredientes de la masa. Vaya rebozando las hortalizas en la masa y añadiéndolas al aceite caliente. Fríalas 2 o 3 minutos, hasta que estén crujientes y ligeramente doradas. Retírelas con una espumadera y colóquelas sobre papel de cocina. Manténgalas calientes en el horno a temperatura moderada mientras hace el resto.

Sirva la tempura con la salsa para mojar.

Para preparar salsa *ponzu* para mojar, mezcle 2 cucharadas de salsa de soja oscura, 4 cucharadas de vinagre de arroz y 1 cucharada de jugo de limón, y sirva esta salsa con la tempura de verdura.

boniatos al horno

4 raciones
tiempo de preparación
5 minutos
tiempo de cocción
unos **45-50 minutos**

4 **boniatos** de unos 250 g cada uno
200 g de **crema agria**
2 **cebolletas**, picadas finas
1 cucharada de **cebollino** picado
50 g de **mantequilla**
sal y **pimienta negra**

Ponga los boniatos en una fuente de asar; precaliente el horno y áselos de 45 a 50 minutos a 220 °C, hasta que estén cocidos por dentro.

Mientras tanto, mezcle en un cuenco la crema agria, las cebolletas, el cebollino, sal y pimienta .

Corte los boniatos asados por la mitad en sentido longitudinal, añada la mantequilla y después, la preparación de crema agria. Sirva inmediatamente.

Para preparar pieles de boniato crujientes, deje que éstos se enfríen y córtelos en trozos en forma de cuña. Extraiga parte del boniato, pero deje un poco de carne en la piel. Fríalos en aceite caliente durante 4 o 5 minutos, hasta que estén crujientes. Sírvalos con crema agria y cebollino picado para mojar.

calabaza con especias indias

4 raciones
tiempo de preparación
15 minutos, más tiempo de enfriado
tiempo de cocción
unos **15-20 minutos**

1 kg de **calabaza normal** o **calabaza moscada**
1 cucharadita de **semillas de comino**
1 cucharadita de **semillas de cilantro**
2 **vainas de cardamomo**
3 cucharadas de **aceite de girasol**
1 cucharadita de **azúcar blanquilla** o ***chutney* de mango**

para el **pesto de coco**
25 g de **cilantro fresco**
1 **diente de ajo**, majado
1 **guindilla verde**, sin semillas y picada
1 pizca de **azúcar blanquilla**
1 cucharada de **pistachos**, cortados en trozos no muy finos
5 cucharadas de **crema de coco**
1 cucharada de **jugo de lima**
sal y **pimienta negra**

Corte la calabaza en trozos finos con forma de cuña, de alrededor de 1 cm de grosor. Deseche las semillas y las fibras y póngala en un plato grande.

Caliente una sartén de fondo grueso; añada las especias y deje que se doren a fuego medio, sin dejar de remover. Déjelas enfriar y tritúrelas con un utensilio específico para especias o en un mortero. Mezcle las especias molidas en un cuenco pequeño con el aceite y el azúcar o el *chutney* de mango; después, agréguelas a las rodajas de calabaza y remueva para queden bien impregnadas.

Precaliente el grill o una barbacoa de gas o de carbón, y cueza las rodajas de calabaza de 6 a 8 minutos por cada lado, hasta que estén tostadas y tiernas.

Mientras tanto, prepare el pesto. Ponga las hojas de cilantro, el ajo, la guindilla, el azúcar y los pistachos en un robot de cocina y tritúrelo todo hasta que adquiera una consistencia fina. Salpimiente. Añada la crema de coco y el jugo de lima, y vuelva a triturar. Páselo a un cuenco de servir.

Sirva las rodajas de calabaza calientes con el pesto de coco.

Para preparar boniato con especias indias, cueza 15 minutos en una cacerola grande 4 boniatos de 250 g cada uno hasta que estén tiernos. Después, escúrralos. Cuando estén templados, córtelos en trozos grandes en forma de cuña. Imprégnelos con la mezcla de aceite y especias, y áselos 6 minutos al grill o la barbacoa, como se indica en la receta, dándoles la vuelta con frecuencia. Sírvalos calientes con el pesto de coco.

triángulos de polenta a la brasa

8 raciones
tiempo de preparación
5 minutos, más tiempo de enfriado
tiempo de cocción
15-20 minutos

aceite para rociar en pulverizador
1 l de **agua**
2 cucharaditas de **sal**
175 g de **polenta instantánea**
2 **dientes de ajo**, majados
50 g de **mantequilla**
50 g de **queso parmesano** recién rallado, y un poco más para servir
aceite de oliva para untar
perejil fresco troceado para decorar
pimienta negra

Rocíe ligeramente con aceite una bandeja de hornear de 23 x 30 cm. Lleve a ebullición el agua en una cacerola de fondo grueso; añada la sal y después incorpore la polenta, batiendo y vertiéndola sin pausa. Manténgala a fuego lento, removiendo constantemente con una cucharada de madera, hasta que aumente de tamaño.

Retire la cacerola del fuego e incorpore, sin dejar de batir, el ajo, la mantequilla, el queso parmesano y la pimienta hasta que la mezcla adquiera una consistencia fluida. Viértala en la bandeja de hornear y déjela enfriar.

Coloque la polenta en una tabla de cortar y córtela en cuadrados grandes, y después por la mitad en diagonal de manera que forme triángulos. Úntelos con un poco de aceite.

Caliente una sartén-plancha. Añada los triángulos de polenta, en varias tandas, y deje que se hagan a fuego medio-vivo durante 2 o 3 minutos por cada lado, hasta que se tuesten y se calienten. Sírvalos inmediatamente, decorados con queso parmesano y perejil picado.

Para preparar polenta suave con mantequilla de salvia, derrita 125 g de mantequilla en una cacerola pequeña. Añada 1 cucharada de salvia troceada y una pizca de pimienta de Cayena y deje que se cueza durante 2 o 3 minutos a fuego medio-vivo, sin dejar de remover, hasta que la salvia esté crujiente y la mantequilla se dore. Manténgalo caliente. Prosiga como se indica en la receta hasta el final del primer paso. Cuando reire la polenta del fuego, incorpore 50 g de queso parmesano rallado. Sirva con la mantequilla de salvia.

pan y horneados

hojaldre de higos, queso de cabra y *tapenade*

4 raciones
tiempo de preparación
10 minutos
tiempo de cocción
20-25 minutos

350 g de **masa de hojaldre**, previamente descongelada, si estaba congelada
harina para espolvorear
1 **huevo**, batido
3 cucharadas de ***tapenade* preparado**
3 **higos maduros**, cortados en cuartos
100 g de **tomates cereza** cortados por la mitad
100 g de **queso de cabra suave**, desmenuzado
2 cucharaditas de **tomillo** picado
2 cucharadas de **queso parmesano** recién rallado
ensalada de roqueta, para servir (*véase* pág. 56 [opcional])

Estire la masa sobre una superficie ligeramente espolvoreada de harina hasta que tenga un grosor de 2 mm y forme un rectángulo de 20 x 30 cm. Recorte los bordes. Pinchando la masa con un tenedor, marque un borde de 2,5 cm desde fuera hacia dentro. Introdúzcala en una bandeja de hornear. Unte la masa con un poco de huevo batido, precaliente el horno y hornee de 12 a 15 minutos a 200 °C.

Saque la masa del horno y presione con cuidado el centro para aplanarla ligeramente. Extienda el *tapenade* y después coloque los higos, los tomates, el queso de cabra, el tomillo y el parmesano.

Vuelva a introducir el hojaldre en el horno y hornéelo de 5 a 10 minutos, hasta que la masa se dore, el queso se funda y los higos estén hechos. Si lo desea, puede dorar la parte superior poniendo el hojaldre bajo el grill caliente, pero tenga cuidado de que no se quemen los bordes (puede cubrirlos con papel de aluminio). Sírvalo caliente con una ensalada de roqueta, si lo desea.

Para preparar hojaldre de hortalizas al grill y queso de cabra, corte en rodajas finas 1 calabacín y 1 berenjena; retire el corazón y las semillas a 1 pimiento rojo, y corte 1 cebolla roja en trozos finos en forma de cuña. Unte con aceite las hortalizas, precaliente el grill y deje que se cuezan durante 3 o 4 minutos por cada lado, hasta que estén tiernas. Utilice las hortalizas al grill en lugar de los higos y los tomates, y continúe como se indica en la receta.

pastel de setas variadas

6 raciones
tiempo de preparación
45 minutos, más tiempo de enfriado y refrigerado
tiempo de cocción
50-55 minutos

50 g de **mantequilla**
6 **escalonias**, picadas finas
2 **dientes de ajo**, majados
2 cucharaditas de **tomillo** troceado
350 g de **setas variadas**, como *shiitake*, de ostra, marrones y silvestres, laminadas
300 ml de **crema agria**
3 **huevos**, ligeramente batidos
25 g de **queso parmesano**, recién rallado
sal y **pimienta negra**
hojas de roqueta, para servir

para la **masa**
200 g de **harina**, y un poco más para espolvorear
½ cucharadita de **sal**
125 g de **mantequilla sin sal** refrigerada, cortada en dados
1 **yema de huevo**
2 cucharadas de **agua fría**

Primero, prepare la masa. Tamice la harina y la sal sobre un cuenco. Añada la mantequilla y frote la preparación con las yemas de los dedos hasta que obtenga una textura de pan rallado muy fino. Agregue la yema de huevo y el agua; envuélvala en film transparente y refrigérela 30 minutos.

Estire la masa sobre una superficie de trabajo ligeramente enharinada. Utilícela para rellenar un molde de borde ondulado y 25 cm de diámetro. Pinche la base con un tenedor y refrigérela 30 minutos. Recubra la masa con papel de hornear antiadherente y ponga encima pesos para hornear. Precaliente el horno 15 minutos a 200 °C. Retire el papel y los pesos y hornee otros 15 minutos. Déjelo enfriar.

Mientras tanto, derrita la mantequilla en una sartén; añada las escalonias, el ajo y el tomillo, y deje que se hagan 5 minutos a fuego lento, removiendo con frecuencia. Suba el fuego, agregue las setas, sal y pimienta, y cueza durante 4 o 5 minutos, removiendo, hasta que se doren. Déjelos enfriar. Espárzalos sobre el molde del pastel. Bata la crema agria, los huevos, el queso parmesano, la sal y la pimienta, y viértalo por encima. Hornee de 20 a 25 minutos, hasta que el pastel se dore y se asiente. Sírvalo caliente con unas hojas de roqueta.

Para preparar pastel de espinacas y queso feta, sustituya las setas por 500 g de espinacas congeladas. Descongélelas y escúrralas hasta que estén bien secas. Añádalas a la mezcla de escalonias y distribúyalo por el molde. Agregue la preparación de crema agria y esparza por encima 125 g de queso feta desmenuzado. Continúe como se indica en la receta.

hojaldre de tomate y feta

4 raciones
tiempo de preparación **15 minutos**
tiempo de cocción **20 minutos**

350 g de **masa de hojaldre**, previamente descongelada si estaba congelada
harina, para espolvorear
3 cucharadas de **pesto** (*véase* pág. 86)
250 g de **tomates pera pequeños**, cortados por la mitad
100 g de **queso feta**, desmenuzado
4 cucharadas de **queso parmesano** recién rallado
1 manojo de **albahaca**
sal y **pimienta negra**

Estire la masa sobre una superficie de trabajo ligeramente enharinada para formar un rectángulo de 25 x 35 cm. Con un cuchillo afilado, marque un borde de 2,5 cm alrededor de la masa. Pase ésta a una bandeja de hornear y distribuya el pesto por encima.

Coloque los tomates y el feta y luego espolvoree el queso parmesano. Salpimiente. Precaliente el horno y hornee 20 minutos a 220 °C, hasta que la masa aumente de tamaño y se dore. Saque el pastel del horno y esparza por encima las hojas de salvia.

Para preparar tartaletas individuales, estire la masa para formar un rectángulo de 25 x 37,5 cm. Córtelo por la mitad en sentido longitudinal, y después en tres partes en sentido transversal, para obtener cuadrados de 6 x 12,5 cm. Reparta el pesto y los ingredientes del relleno de manera homogénea, y hornee 15 minutos, o hasta que las tartaletas aumenten de tamaño y se doren.

pan de soda y semillas variadas

1 hogaza pequeña
tiempo de preparación
10 minutos
tiempo de cocción
40-45 minutos

aceite para rociar en pulverizador
350 g de **harina integral**, y un poco más para espolvorear
50 g de **pipas de girasol**
2 cucharadas de **semillas de amapola**
1 cucharadita de **bicarbonato**
1 cucharadita de **sal**
1 cucharadita de **azúcar blanquilla**
300 ml de **suero de leche**

Unte con aceite una fuente de hornear. Mezcle en un cuenco la harina, las pipas de girasol, las semillas de amapola, el bicarbonato, la sal y el azúcar. Deje un hueco en el centro, añada el suero de leche y vaya trabajando la preparación de harina para formar una masa suave.

Póngala sobre una superficie de trabajo ligeramente enharinada y amase durante 5 minutos. Dele una forma aplanada y pásela a la fuente de hornear preparada. Con un cuchillo afilado, corte una cruz en la parte superior y espolvoree un poco de harina sobre la superficie.

Precaliente el horno y hornee 15 minutos a 230 °C. Después, reduzca la temperatura a 200 °C, y hornee de 25 a 30 minutos, hasta que la hogaza aumente de tamaño y suene a hueco cuando se le dé un golpe en la parte inferior. Deje enfriar el pan por completo en una rejilla.

Para preparar pan de soda y avena, siga los pasos de la receta, pero sustituya las pipas de girasol por la misma cantidad de avena. Prescinda de las semillas de amapola y continúe como se indica en la receta.

pan de maíz con guindilla y maíz dulce

8-12 raciones
tiempo de preparación
10 minutos
tiempo de cocción
30-40 minutos

aceite para rociar en pulverizador
75 g de **harina**
1 cucharada de **levadura en polvo**
200 g de **harina de maíz media**
1 cucharadita de **sal**
3 **huevos**, batidos
300 ml de **yogur natural**
4 cucharadas de **aceite de girasol**
200 g de **maíz dulce de lata**, escurrido
1 **guindilla roja** grande, sin semillas y troceada

Unte con aceite un molde para una hogaza de 1 kg y forre la base con papel antiadherente para hornear.

Tamice la harina y la levadura sobre un cuenco e incorpore la harina de maíz y la sal. Deje un hueco en el centro. Mezcle los huevos, el yogur y el aceite en otro cuenco. Vierta esta preparación en el espacio que había dejado e incorpórela gradualmente, sin dejar de batir, a la mezcla de harina hasta obtener una masa suave. Añada el maíz dulce y la guindilla.

Vierta la mezcla en el molde preparado. Hornee en un horno precalentado, a 200 °C, durante 30 o 40 minutos. Deje que se enfríe durante 5 minutos. Retírelo del molde y deje que se enfríe totalmente sobre una rejilla.

Para preparar magdalenas de guindilla y maíz dulce, forre con moldes de papel una bandeja de hornear magdalenas con 12 huecos. Reparta la preparación entre los moldes. Hornee de 20 a 25 minutos, hasta que la masa aumente de tamaño y se dore. Pase el pan a una rejilla y déjelo enfriar.

pan de hierbas aromáticas y queso

8 raciones
tiempo de preparación **10 minutos**
tiempo de cocción **30 minutos**

aceite para rociar en pulverizador
500 g de **harina bizcochona**, y un poco más para espolvorear
½ cucharadita de **sal**
15 g de **mantequilla refrigerada**, cortada en dados
50 g de **queso cheddar**, rallado
2 cucharaditas de **romero** picado
150 ml de **leche**
150 ml de **agua**

Unte con aceite una bandeja de hornear. Tamice la harina y la sal sobre un cuenco. Añada la mantequilla y frote la mezcla con las yemas de los dedos hasta obtener una textura de pan rallado muy fino. Incorpore el queso cheddar y el romero. Deje un hueco en el centro, añada la leche y el agua, y vaya mezclándolos hasta obtener una masa suave.

Ponga la masa sobre una superficie de trabajo ligeramente enharinada y trabájela delicadamente hasta formar una bola suave. Pase la masa a la bandeja de hornear preparada y aplánela ligeramente hasta conseguir una forma redondeada de 18 cm de diámetro. Con un cuchillo afilado, corte la superficie para obtener 8 partes en forma de cuña. Precaliente el horno y hornee unos 30 minutos a 200 °C, hasta que la hogaza aumente de tamaño y suene hueca al darle un golpe en la parte inferior. Pásela a una rejilla y déjela enfriar por completo.

Para preparar bollitos individuales, divida la masa en 8 partes; deles forma de bola y luego aplánelas ligeramente. Unte cada una con un poco de leche y esparza por encima un poco más de cheddar rallado. Hornee de 18 a 20 minutos a 200 °C, hasta que estén cocidos.

gratén de berenjena y queso de cabra

6 raciones
tiempo de preparación
10 minutos
tiempo de cocción
1 hora y 10 minutos

aceite para rociar en pulverizador
2 latas de **tomates troceados**, de 400 g cada una
2 **dientes de ajo grandes**, majados
4 cucharadas de **aceite de oliva virgen extra**
1 cucharada de **azúcar blanquilla**
2 cucharadas de **albahaca** picada
2 **berenjenas**
250 g de **queso de cabra suave**, en lonchas o desmenuzado
50 g de **queso parmesano**, recién rallado
sal y **pimienta negra**

Unte con aceite una bandeja de hornear de 1,5 l de capacidad. Lleve a ebullición en una cacerola los tomates, el ajo, la mitad del aceite, el azúcar, la albahaca, sal y pimienta. Baje el fuego y déjelo hervir a fuego lento 30 minutos, hasta que se reduzca y espese.

Corte las berenjenas en 6 rodajas finas en sentido longitudinal. Salpimiente el resto del aceite, y después unte con él las berenjenas. Precaliente el grill y gratínelas 3 o 4 minutos por cada lado, hasta que estén tiernas y tostadas.

Coloque un tercio de las rodajas de berenjena, solapándose ligeramente unas con otras, en la base de la bandeja preparada. Añada un tercio de la salsa de tomate y la misma cantidad del queso de cabra y el parmesano. Repita estas capas y finalice con los quesos. Precaliente el horno y hornee 30 minutos a 200 °C, hasta que los ingredientes burbujeen y se doren.

Para preparar lasaña de berenjena, siga la receta hasta el final del segundo paso y reserve las berenjenas y la salsa de tomate. Elabore una salsa de queso (*véase* pág. 90). Coloque por capas las berenjenas, la salsa de tomate y la salsa de queso en una bandeja de hornear de 2 l de capacidad, espolvoree el queso parmesano y hornee de 35 a 40 minutos, como se indica en la receta, hasta que la lasaña burbujee y se dore.

gratén de patata con costra de piñones

6 raciones
tiempo de preparación
15 minutos
tiempo de cocción
1 hora y 30 minutos

aceite para rociar en pulverizador
1 kg de **patatas pequeñas** con bajo contenido en almidón
nuez moscada, recién rallada
25 g de **mantequilla**, cortada en dados
200 ml de **leche**
200 ml de **crema de leche espesa**
sal y **pimienta negra**

para la **costra de piñones**
50 g de **pan integral** rallado
50 g de **piñones**
25 g de **queso parmesano**, recién rallado
1 cucharada de **perejil** picado

Unte con aceite una fuente de horno de 1 l de capacidad. Pele las patatas y córtelas en rodajas muy finas. Colóquelas en capas superpuestas en la fuente preparada; sazone cada capa con nuez moscada, sal y pimienta, y añada trocitos de mantequilla.

Mezcle la leche y la crema de leche; viértala sobre las patatas y cubra la fuente con papel de aluminio. Precaliente el horno y hornee 1 hora a 190 °C, hasta que las patatas estén casi tiernas.

Mientras tanto, incorpore en un cuenco el pan rallado, los piñones, el parmesano y el perejil.

Retire el papel de aluminio del gratén y esparza la mezcla de pan rallado para formar la costra. Hornee de 25 a 30 minutos, hasta que la costra esté crujiente y se haya dorado.

Para preparar gratén de patata y chirivías, corte en rodajas finas 500 g de patatas pequeñas con bajo contenido en almidón y la misma cantidad de chirivías, y colóquelas en capas alternas en una fuente de hornear de 1 l de capacidad ligeramente untada con aceite. Continúe como se indica en la receta.

pizza de cuatro quesos

2 raciones
tiempo de preparación
20 minutos, más tiempo de levado
tiempo de cocción
20-30 minutos

125 g de **mozzarella**, cortada en lonchas
50 g de **queso *taleggio*** o **fontina**, cortado en dados
50 g de **gorgonzola**, desmenuzado
4 cucharadas de **queso parmesano** recién rallado
roqueta, para servir

para la **masa de la pizza**
250 g de **harina para pan blanco**, y un poco más para espolvorear
1 cucharadita de **levadura rápida**
1 pizca de **azúcar blanquilla**
150 ml de **agua caliente**
1 cucharada de **aceite de oliva virgen extra**
aceite para untar

Primero, prepare la masa de la pizza. Tamice la harina y la sal sobre un cuenco e incorpore la levadura, la sal y el azúcar. Deje un hueco en el centro, añada el agua, e incorpórela gradualmente a la mezcla de harina hasta conseguir una masa suave.

Unte un cuenco con aceite. Coloque la masa sobre una superficie de trabajo ligeramente enharinada. Trabájela durante 10 minutos, hasta que esté suave y elástica. Póngala en el cuenco que ha preparado, cúbralo y deje que leve en un lugar cálido durante 1 hora, hasta que se doble su tamaño.

Precaliente el horno y ponga en la parte central una bandeja de hornear. Caliéntela 5 minutos a 230 °C. Saque el aire de la masa, y divídala en dos mitades. Estire una de ellas hasta formar un círculo de 25 cm de diámetro. Colóquelo en la bandeja de hornear que ha calentado y esparza por encima la mitad de los quesos. Hornee de 10 a 15 minutos, hasta que la base esté crujiente y se haya dorado. Sirva inmediatamente, con hojas de roqueta por encima. Repita el mismo procedimiento para hacer la otra pizza.

Para preparar pizza de tomates cereza y queso, coloque sobre la base de cada pizza 125 g de tomates cereza cortados por la mitad, la misma cantidad de mozzarella cortada en lonchas, 50 g de aceitunas negras y unas cuantas hojas de albahaca. Hornee como se indica en la receta. Para conseguir los mejores resultados, es preferible hornear las pizzas una por una. Para hacer 4 unidades, simplemente tendrá que duplicar las cantidades.

pizza de calabaza asada y salvia

2 raciones
tiempo de preparación
20 minutos, más tiempo de levado
tiempo de cocción
45-55 minutos

aceite para rociar
masa de pizza (*véase* pág. 190)
harina para pan blanco, para espolvorear
500 g de **calabaza moscada**, pelada
1 **cebolla**, cortada en rodajas
2 cucharadas de **aceite de oliva virgen extra**
2 **dientes de ajo**, picados finos
1 pizca de **copos de guindilla seca**
1 cucharada de **salvia troceada**
250 g de **mozzarella**, cortada en lonchas
4 cucharadas de **queso parmesano** recién rallado
sal y **pimienta negra**

Unte un cuenco con aceite. Coloque la masa sobre una superficie de trabajo ligeramente enharinada. Trabájela durante 10 minutos, hasta que esté suave y elástica. Póngala en el cuenco que ha preparado, cúbralo y deje que leve en un lugar cálido durante 1 hora, hasta que se doble su tamaño.

Mientras tanto, corte la calabaza por la mitad y retire las semillas y las fibras. Córtela en dados de 2,5 cm. Póngalos en una fuente de asar, añada la cebolla, la mitad del aceite, el ajo, los copos de guindilla, la salvia, la sal y la pimienta, y mézclelo bien. Precaliente el horno y hornee 25 minutos a 230 °C, hasta que la calabaza esté tierna; dele la vuelta a mitad de la cocción.

Coloque una bandeja de hornear de fondo grueso en la parte central del horno y caliéntela 5 minutos. Saque el aire de la masa y divídala por la mitad. Estire una de las mitades hasta obtener una forma circular de 25 cm de diámetro. Pásela a la bandeja ya caliente. Distribuya la mitad de la mezcla de calabaza y la misma cantidad de los quesos. Hornee de 10 a 15 minutos, hasta que la base esté crujiente y se dore. Sirva inmediatamente. Repita los mismos pasos para la segunda pizza.

Para preparar *calzone* de calabaza asada y salvia, estire la masa para obtener una forma circular de 40 cm de diámetro. Reparta la mezcla de calabaza en una de las mitades y añada los quesos. Moje los bordes de la masa con agua, doble la otra mitad sobre el relleno y presione sobre los bordes para cerrar. Hornee de 25 a 30 minutos, hasta que aumente de tamaño y se dore.

pizza de espárragos y queso *taleggio*

2 raciones
tiempo de preparación
15 minutos, más tiempo de levado
tiempo de cocción
20-30 minutos

aceite para rociar
masa de pizza (*véase* pág. 190)
harina para pan blanco, para espolvorear
5 cucharadas de ***passata*** (tomates tamizados)
1 cucharada de **pesto rojo preparado**
1 pizca de **sal**
250 g de **queso *taleggio***, cortado en lonchas
175 de **espárragos finos**
2 cucharadas de **aceite de oliva virgen extra**
pimienta negra

Unte un cuenco con aceite. Ponga la masa sobre una superficie de trabajo ligeramente enharinada. Trabájela durante 10 minutos hasta que esté suave y elástica. Colóquela en el cuenco que ha preparado, cúbralo y deje que leve en un lugar cálido durante 1 hora, hasta que se doble su tamaño.

Precaliente el horno y coloque una bandeja de hornear en la parte central. Caliéntela 5 minutos a 230 °C. Mientras tanto, mezcle la *passata,* el pesto y la sal en un cuenco. Saque el aire de la masa y divídala por la mitad. Estire una de las mitades hasta obtener una forma circular de 25 cm de diámetro. Pásela a la bandeja ya caliente. Coloque encima la mitad de las lonchas de *taleggio* y de los espárragos, y rocíelos con la mitad del aceite. Si sólo encuentra espárragos grandes, córtelos por la mitad en sentido longitudinal antes de distribuirlos por la pizza. Hornee de 10 a 15 minutos, hasta que la base esté crujiente y se dore. Sazone con pimienta y sirva inmediatamente. Repita los mismos pasos para la segunda pizza.

Para preparar pizza de alcachofas y mozzarella, en lugar de pesto rojo preparado, utilice la misma cantidad de pesto verde. Corte en lonchas 250 g de mozzarella y empléelas en lugar del *taleggio*. Sustituya los espárragos por la misma cantidad de alcachofas en aceite, escurridas. Acabe como se indica en la receta.

pizza de pita con queso de cabra

4 raciones
tiempo de preparación
10 minutos
tiempo de cocción
7-8 minutos

4 **pitas** de 20 cm cada una
2 cucharadas de **pasta de tomates secados al sol**
300 g de **mozzarella** cortada en lonchas
6 **tomates pera** cortados en trozos grandes
4 cucharadas de **aceite de oliva virgen extra**
1 **diente de ajo**, majado
1 manojo pequeño de **hojas de albahaca**, cortadas
100 g de **queso de cabra suave**
sal y **pimienta negra**

Coloque las pitas en 2 bandejas de hornear y extienda la pasta de tomates secados al sol. Añada las lonchas de mozzarella; precaliente el horno y hornee 7 u 8 minutos, a 200 °C, hasta que las bases estén crujientes y el queso se haya fundido.

Mientras tanto, ponga los tomates en un cuenco, añada el aceite, el ajo y la albahaca, y salpimiente generosamente.

Reparta la mezcla de tomate entre las pitas y esparza por encima el queso de cabra desmenuzado. Sirva inmediatamente.

Para preparar una pizza con pimientos asados de bote, sustituya los tomates pera por 4 tomates secados al sol en aceite, escurridos y cortados en trozos grandes, mezclados con 200 g de pimientos asados de bote, escurridos. Utilice orégano troceado en lugar de albahaca. Después de añadir el queso de cabra, esparza también por encima algunas aceitunas negras antes de servir.

postres

mousse de chocolate negro

4 raciones
tiempo de preparación
5 minutos, más tiempo
de refrigerado
tiempo de cocción **3-4 minutos**

175 g de **chocolate negro**, troceado
100 ml de **crema de leche espesa**
3 **huevos**, con la clara y la yema separadas
cacao en polvo, para espolvorear

Ponga el chocolate y la crema de leche en un cuenco resistente al calor en una cacerola con agua hirviendo a fuego lento (no deje que el agua esté en contacto con el cuenco), y vaya removiéndolo hasta que el chocolate se funda.

Bata las claras de huevo en otro cuenco hasta que adquieran una consistencia firme. Después, incorpórelas suavemente en la preparación de chocolate hasta que todo esté bien mezclado. Vierta la *mousse* en 4 cuencos de postre y refrigérela durante 2 horas. Espolvoree por encima cacao en polvo antes de servir.

Para preparar *mousse* de chocolate con naranja, siga los pasos que se indican en la receta, pero añada la ralladura de 1 naranja grande y 2 cucharadas de Grand Marnier a la mezcla de chocolate fundido y la crema de leche. Continúe como se indica en la receta.

albaricoques escalfados con pistachos

4 raciones
tiempo de preparación
10 minutos, más tiempo de enfriado y refrigerado
tiempo de cocción **8 minutos**

125 g de **azúcar blanquilla**
300 ml de **agua**
2 **tiras de corteza de limón**
2 **vainas de cardamomo**
1 **vaina de vainilla**
12 **albaricoques**, cortados por la mitad y deshuesados
1 cucharada de **jugo de limón**
1 cucharada de **agua de rosas**
25 g de **pistachos**, picados finos
helado de vainilla o **yogur de estilo griego**, para servir (opcional)

Introduzca un cuenco grande en el congelador. Ponga el azúcar y el agua en una cacerola ancha y caliéntelos a fuego lento hasta que el azúcar se haya disuelto. Mientras tanto, corte la corteza de limón en tiras finas, machaque las vainas de cardamomo y corte la vaina de vainilla por la mitad. Añada a la cacerola la corteza de limón, el cardamomo y la vaina de vainilla.

Agregue los albaricoques y deje que cuezan a fuego lento 5 minutos, o hasta que se ablanden. Retírelos del fuego; vierta el jugo de limón y el agua de rosas, saque el cuenco del congelador e introduzca los albaricoques. Déjelos enfriar.

Ponga los albaricoques y un poco del jarabe en los platos de servir; esparza por encima los pistachos y acompáñelos con helado o yogur de estilo griego, si lo desea.

Para preparar melocotones escalfados con almendras, siga la receta, pero sustituya la corteza de limón por corteza de naranja y las vainas de cardamomo por un poco de canela en rama. Pele 4 melocotones grandes, córtelos por la mitad y deshuéselos; después, cuézalos hasta que se ablanden y añada jugo de naranja y agua de azahar, en lugar del jugo de limón y el agua de rosas. Déjelos enfriar y sírvalos con almendras laminadas tostadas en lugar de con pistachos.

buñuelos de manzana con salsa de moras

4 raciones
tiempo de preparación
15 minutos
tiempo de cocción
unos 10 minutos

2 **huevos**
125 g de **harina**
4 cucharadas de **azúcar blanquilla**
150 ml de **leche**
aceite de girasol, para freír
4 **manzanas de postre**, sin corazón y cortadas en rodajas gruesas
150 g de **moras congeladas**
2 cucharadas de **agua**
azúcar de lustre para espolvorear

Separe la yema de la clara de uno de los huevos, y ponga la clara en un cuenco y la yema y el segundo huevo, entero, en otro cuenco. Añada la harina y la mitad del azúcar blanquilla al segundo cuenco. Bata la clara a punto de nieve y, después, use el mismo batidor para batir la mezcla de harina hasta que tenga una consistencia fluida; vaya agregando gradualmente la leche. Incorpore entonces la clara.

Vierta el aceite en una cacerola honda de fondo grueso hasta que alcance ⅓ de su altura, y caliéntelo de 180 a 190 °C o hasta que un dado de pan se dore en 30 segundos. Impregne unas cuantas rodajas de manzana en la masa. Levante las rodajas una a una y deposítelas con cuidado en el aceite. Fríalas 2 o 3 minutos, en varias tandas, dándoles la vuelta para que se doren de manera uniforme. Sáquelas con una espumadera y deje que se sequen en papel de cocina.

Mientras tanto, ponga las moras, el resto del azúcar y el agua en una cacerola pequeña y caliéntelas de 2 o 3 minutos. Coloque los buñuelos en los platos de servir, vierta alrededor la salsa de moras y espolvoree con un poco de azúcar de lustre.

Para preparar buñuelos de plátano con salsa de frambuesas, utilice 4 plátanos cortados en rodajas gruesas en lugar de las manzanas. Use 150 g de frambuesas en lugar de las moras. Prepare el postre como se indica en la receta.

migas de manzana con caramelo

4 raciones
tiempo de preparación **15 minutos**
tiempo de cocción **25 minutos**

aceite para untar
750 g de **manzanas para cocinar**
75 g de **mantequilla sin sal**, cortada en dados, y un poco más para engrasar
3 cucharadas de **azúcar moreno blando**
6 **clavos**
50 g de **pasas**
75 ml de **agua fría**

para las **migas**
75 g de **copos de avena**
75 g de **harina**
50 g de **avellanas molidas**
50 g de **azúcar moreno blando**
2 cucharadas de **canela molida**
100 de **mantequilla sin sal**, cortada en dados

Unte con aceite 4 fuentes individuales de hornear de 300 ml de capacidad o cuatro tazones. Pele las manzanas y retíreles el corazón; córtelas en rodajas gruesas e introdúzcalas en una cacaerola con la mantequilla, el azúcar, los clavos, las pasas y el agua. Tape la cacerola y póngala a fuego lento 5 o 6 minutos, hasta que las manzanas empiecen a ablandarse. Repártalas entre las fuentes o los tazones preparados.

Ponga en un cuenco la avena, la harina, las avellanas molidas, el azúcar y la canela y mezcle bien. Añada la mantequilla y frote con las yemas de los dedos hasta que la preparación se parezca al pan rallado, con una consistencia gruesa. Repártala en el preparado de manzanas, precaliente el horno y hornee durante 25 minutos a 190 °C, hasta que los ingredientes burbujeen y se doren.

Para preparar migas de melocotón y arándanos, sustituya las manzanas por 250 g de arándanos y la misma cantidad de melocotones deshuesados y cortados en rodajas. Cuézalos como se indica en el primer paso de la receta, junto con 25 g de mantequilla, 2 cucharadas de azúcar blanquilla y 2 cucharadas de agua fría hasta que empiecen a ablandarse. Continúe como se indica en la receta.

tortilla suflé con mermelada

4 raciones
tiempo de preparación
10 minutos
tiempo de cocción
8-12 minutos

6 **huevos**, con las yemas y las claras separadas
2 cucharadas de **extracto de vainilla**
4 cucharadas de **azúcar de lustre**
40 g de **mantequilla**
4 cucharadas de **mermelada de frambuesa**
100 g de **frambuesas**, previamente descongeladas, si estaban congeladas
100 g de **arándanos**, previamente descongelados, si estaban congelados
crema de leche ligera, para servir

Bata las claras de huevo a punto de nieve en un cuenco grande. Ponga en otro cuenco las yemas, el extracto de vainilla y 1 cucharada de azúcar, y utilice el mismo batidor para batirlas. Incorpore una cucharada de las claras de huevo a la mezcla de las yemas para que adquiera una textura más suelta; después, agregue el resto con suavidad, ayudándose de una cuchara de metal grande.

Derrita la mitad de la mantequilla en una sartén de 20 cm de diámetro. En cuanto deje de burbujear, incorpore la mitad de la mezcla de huevo y deje que se cueza 3 o 4 minutos a fuego medio hasta que se dore la parte inferior; después, precaliente el grill para dorar la parte superior. Deslice con cuidado la tortilla a un plato de servir caliente y manténgala caliente en un horno a temperatura moderada. Repita los mismos pasos con el resto de los ingredientes para hacer una segunda tortilla.

Coloque sobre las tortillas unos montoncitos de mermelada y frutas, y dóblelas por la mitad sobre sí mismas. Espolvoree por encima el resto del azúcar, córtelas por la mitad y sírvalas inmediatamente con crema de leche.

Para preparar tortilla suflé con mermelada de naranja, utilice la misma cantidad de mermelada de naranja que la indicada en la receta para mermelada de frambuesa. Pele 4 naranjas y retíreles la membrana blanca. Separe los gajos y deseche la membrana y las semillas. Ponga los gajos, enteros o cortados por la mitad, sobre la tortilla, junto con la mermelada de naranja.

frutas al grill con azúcar de palma

4 raciones
tiempo de preparación **10 minutos**
tiempo de cocción **6-16 minutos**

25 g de **azúcar de palma**
la **ralladura** y el **jugo** de 1 **lima**
2 cucharadas de **agua**
½ cucharadita de **pimienta negra en grano** molida
500 g de **frutas variadas preparadas**, como piña o rodajas de melocotón o de mango

para **servir**
helado de vainilla o **de canela**
rodajas de lima

Ponga el azúcar, la ralladura de lima y su jugo, el agua y la pimienta en una cacerola pequeña y caliéntelo a fuego lento hasta que se disuelva el azúcar. Sumerja la base de la cacerola en agua helada para que se enfríe.

Impregne con este jarabe frío las frutas preparadas; precaliente el grill del horno, una barbacoa de gas o de carbón y cueza las frutas de 6 a 8 minutos por cada lado, hasta que estén tiernas y tostadas.

Sírvalas con bolas de helado de vainilla o canela y rodajas de lima.

Para preparar broquetas de frutas al grill, corte las frutas en trozos grandes; insértelos en broquetas de madera que haya puesto previamente en remojo, en agua fría durante 30 minutos, e imprégnelas con el jarabe frío antes de cocinarlas como se indica en la receta.

tiramisú

8-12 raciones
tiempo de preparación
20 minutos, más tiempo de refrigerado
tiempo de cocción
50 minutos-1 hora

aceite para untar
16 **galletas *savoiardi*** (*véase* pág. 12)
4 cucharadas de **café solo frío**
500 g de **crema de queso**
250 g de **queso mascarpone**
3 **huevos**
125 g de **azúcar blanquilla**
2 cucharadas de **marsala**
25 g de **chocolate negro**

Unte con aceite un molde de pastel cuadrado de 23 cm y fórrelo con papel de hornear antiadherente, dejando que sobresalga por los bordes. Coloque en la base del molde las galletas *savoiardi,* con la parte del azúcar mirando hacia arriba. Si es necesario, puede cortarlas. Moje las galletas en el café.

Ponga en un cuenco limpio la crema de queso, el mascarpone, los huevos, el azúcar y el marsala . Con una batidora eléctrica, bátalo todo hasta que adquiera una consistencia fluida; después, viértalo en el molde preparado y alise la superficie. Ralle por encima el chocolate hasta cubrir la superficie del pastel.

Precaliente el horno y hornee durante 50 minutos a 140 °C, hasta que adquiera una consistencia firme. Déjelo enfriar y después refrigérelo durante 1 hora. Saque con cuidado el tiramisú del molde y córtelo en porciones.

Para preparar una tarta de queso de chocolate, derrita 125 g de chocolate negro partido en trozos en un cuenco resistente al calor, colocado en una cacerola de agua hirviendo a fuego lento. Siga los pasos de la receta e incorpore el chocolate derretido a la mezcla de queso, junto con 2 cucharadas de cacao en polvo tamizado. Hornee como se indica en la receta.

frapé de fresas y lavanda

4 raciones
tiempo de preparación
10 minutos

400 g de **fresas frescas**
2 cucharadas de **azúcar de lustre**, y un poco más para espolvorear
4-5 **tallos floridos de lavanda**, y un poco más para decorar
400 g de **yogur estilo griego**
4 **merengues**

Reserve 4 fresas pequeñas para decorar. Retire los pedúnculos al resto, póngalas en un cuenco con el azúcar, y machaque todo con un tenedor. También puede triturar las fresas y el azúcar en un robot de cocina o una batidora hasta obtener un puré de consistencia fina. Separe las flores de los tallos de lavanda, desmenúcelas e incorpórelas al puré para aromatizar.

Ponga el yogur en un cuenco, desmenuce los merengues y después mezcle todo ligeramente. Añada el puré de fresas y remueva con una cuchara hasta obtener una mezcla bicolor. Póngala en cuatro vasos de postre.

Corte por la mitad las fresas que ha reservado y luego úselas, junto con las flores de lavanda, para decorar los postres. Espolvoree con un poco de azúcar de lustre y sirva inmediatamente.

Para preparar frapé de melocotón y agua de rosas, pele, corte por la mitad y deshuese 3 melocotones; después, córtelos en trozos grandes y macháquelos o tritúrelos en un robot de cocina o una batidora, junto con 2 cucharadas de miel clara y 2 cucharaditas de agua de rosas. Continúe como se indica en la receta, y decore los postres con pétalos de rosa cristalizados.

sorbete de bayas estivales

2 raciones
tiempo de preparación **5 minutos**, más el tiempo de congelación

250 g de **bayas estivales variadas**, congeladas
75 ml de **refresco de bayas especiado**
2 cucharadas de **Kirsch**
1 cucharada de **jugo de lima**

Introduzca en el congelador un recipiente de plástico poco hondo. Triture las bayas congeladas, junto con el refresco, el Kirsch y el jugo de lima en un robot de cocina o una batidora hasta obtener un puré de consistencia fluida. No triture demasiado, ya que la mezcla quedaría demasiado fluida.

Ponga la preparación en el recipiente del congelador y refrigérelo al menos 25 minutos. Sírvalo en platos de postre.

Para preparar sorbete de frambuesa, sustituya los ingredientes de la receta por frambuesas congeladas, refresco de saúco, licor de grosella negra y jugo de limón. Utilice las mismas cantidades y el mismo procedimiento que se indica en la receta.

hojaldre de pasta *filo* con plátano e higos

4 raciones
tiempo de preparación **15 minutos**
tiempo de cocción **15 minutos**

- 6 **láminas grandes de pasta *filo***
- 50 g de **mantequilla sin sal,** derretida
- 4 **plátanos**, cortados en rodajas
- 6 **higos secos**, cortados en rodajas
- 25 g de **azúcar blanquilla**
- la **ralladura** de ½ **limón**
- ½ cucharadita de **canela molida**
- **crema de leche espesa** o **yogur de estilo griego**, para servir

Corte las láminas de pasta por la mitad en sentido transversal. Coloque una lámina en una bandeja de hornear y úntela con la mantequilla derretida; ponga encima una segunda lámina y úntela también con mantequilla. Repita la misma operación con el resto de las láminas.

Coloque las rodajas de plátano e higo sobre las láminas de pasta. Mezcle el azúcar, la ralladura de limón y la canela, y después esparza por encima la fruta y rocíe con la mantequilla que le haya sobrado.

Precaliente el horno y hornee 15 minutos a 200 °C, hasta que la pasta esté crujiente y la fruta se dore. Sírvalo caliente con crema de leche o yogur de estilo griego.

Para preparar hojaldre de pasta *filo* con manzana especiada, prepare la base de pasta *filo* como se indica en la receta. Corte en cuatro trozos 2 manzanas, retire el corazón y córtelas en láminas muy finas. Colóquelas sobre la pasta en filas superpuestas. Rocíe 25 g de mantequilla derretida y espolvoree 2 cucharadas de azúcar blanquilla mezclada con 1 cucharadita de canela molida. Hornee 20 minutos como se indica en la receta.

plátanos con salsa de *toffee*

4 raciones
tiempo de preparación
5 minutos
tiempo de cocción **5 minutos**

4 **plátanos**
125 g de **mantequilla sin sal**
canela molida o **nuez moscada** recién rallada para decorar (opcional)
helado de vainilla, para servir

para la **salsa de *toffee***
125 g de **azúcar de palma**
125 ml de **crema de leche espesa**
jugo de lima al gusto

Pele los plátanos y córtelos en cuartos o por la mitad en sentido longitudinal. Derrita la mantequilla en una sartén; añada los plátanos y cuézalos 30 segundos a fuego medio-vivo por cada lado, hasta que se doren ligeramente. Sáquelos con una espumadera y páselos a un plato caliente.

Incorpore el azúcar y la crema de leche a la cacerola y caliéntelo todo a fuego lento hasta que se disuelva el azúcar. Cuézalo 2 o 3 minutos a fuego lento hasta que espese. Añada jugo de lima al gusto.

Sirva cada plátano con la salsa de *toffee* por encima y una bola de helado de vainilla. Espolvoree con canela o nuez moscada para decorar, si lo desea.

Para preparar piña con salsa de *toffee*, pele una piña fresca y madura y retírele los «ojos»; después, córtela en aros. Colóquelos sobre una tabla de cortar y quite la parte dura central con el utensilio adecuado. Cueza los aros de piña del mismo modo que los plátanos y continúe como se indica en la receta.

clementinas caramelizadas

4 raciones
tiempo de preparación **10 minutos**
tiempo de cocción **15 minutos**

250 g de **azúcar granulado**
250 ml de **agua fría**
6 cucharadas de **agua hirviendo**
8 **clementinas**, peladas
3 **anises estrellados** enteros
crema de leche o ***crème fraîche***, para servir

Vierta el azúcar y el agua fría en una cacerola pequeña y caliéntelo a fuego lento, sin remover, hasta que el azúcar se haya disuelto por completo. Si remueve, el azúcar se endurecerá, así que incline la cacerola para que se mezcle el azúcar, si es necesario. Suba el fuego y déjelo hervir 10 minutos, o hasta que el agua adquiera un color dorado claro.

Retire la cacerola del fuego y añada el agua hirviendo, cucharada a cucharada. Aléjese de manera prudencial de la cacerola porque el agua salpicará. Incline la cacerola para mezclar el contenido y caliéntela a fuego lento, si fuera necesario.

Ponga las clementinas con los anises estrellados en un cuenco resistente al calor; después, vierta el jarabe caliente y déjelo enfriar unas 3 o 4 horas. Remueva las clementinas y páselas a un plato de servir. Acompáñelas con crema de leche o *crème fraîche.*

Para preparar clementinas caramelizadas y aromatizadas con hierbas aromáticas, utilice 3 ramitas de romero fresco o 2 hojas de laurel en lugar de los anises estrellados. Coloque las hierbas aromáticas bajo las clementinas en el cuenco antes de añadir el jarabe.

pudín de *brioche* con helado

4 raciones
tiempo de preparación
45 minutos, más tiempo de maceración, enfriado, congelación y remojado
tiempo de cocción **40 minutos**

8 **rebanadas de *brioche***
3 **huevos**, ligeramente batidos
50 g de **azúcar blanquilla**
250 ml de **leche**
250 ml de **crema de leche espesa**
½ cucharadita de **especias variadas molidas**
25 g de **mantequilla** derretida
1 cucharada de **azúcar terciado**

para el **helado**
750 ml de **crema de leche espesa**
1 vaina de **vainilla**, cortada
5 **yemas de huevo**
125 ml de **jarabe de arce**

Primero, prepare el helado. Ponga la crema de leche con la vaina de vainilla en la cacerola y caliéntela hasta que hierva. Retírela del fuego y déjela macerar 20 minutos. Saque las semillas de la vaina y déjelas en la crema de leche.

Bata las yemas de huevo y el jarabe de arce en un cuenco, incorpore la crema de leche y viértalo en la cacerola. Caliéntelo a fuego lento, removiendo, hasta que espese y al introducir una cuchara madera se quede adherido a ella. No deje que hierva. Déjelo enfriar. Póngalo en el congelador en un recipiente de plástico y bátalo cada hora durante las 5 horas siguientes, o hasta que se congele.

Corte las rebanadas de *brioche* en cuartos en diagonal para formar triángulos. Colóquelas, superponiéndolas, en 4 fuentes de hornear de 250 ml de capacidad. Bata en un cuenco los huevos, el azúcar, la leche, la crema de leche y las especias. Viértalo sobre las rebanadas, empujándolas hacia abajo para que queden casi cubiertas. Rocíe por encima la mantequilla y esparza el azúcar terciado. Déjelo reposar 30 minutos.

Ponga las fuentes de hornear en una bandeja de horno grande. Vierta suficiente agua hirviendo como para que llegue hasta la mitad de las fuentes. Precaliente el horno y hornee 30 minutos a 180 °C, hasta que se asiente y se dore la parte superior ligeramente. Sírvalo con el helado.

Para preparar pudín clásico de pan y mantequilla, sustituya las rebanadas de *brioche* por pan blanco. Úntelas con mantequilla por un lado, córtelas por la mitad en diagonal y colóquelas en una fuente de hornear de 1,5 l de capacidad. Vierta por encima la crema y hornee de 45 a 50 minutos.

palmeras de naranja con ciruelas

4 raciones
tiempo de preparación **20 minutos**
tiempo de cocción **10 minutos**

1 lámina de **masa de hojaldre** congelada lista para amasar de unos 25 cm cuadrados, previamente descongelada
1 **huevo**, batido
3 cucharadas de **azúcar mascabado ligero**
la **ralladura** de ½ **naranja**
aceite para untar
6 cucharadas de **jugo de naranja**
50 g de **azúcar blanquilla**
400 g de **ciruelas deshuesadas** y cortadas en rodajas
azúcar de lustre, para espolvorear
crème fraîche

Unte la masa con un poco de huevo batido y después espolvoréela con el azúcar mascabado y la ralladura de naranja. Enrolle un borde de la masa hasta que llegue al centro. Haga lo mismo con el borde opuesto, hasta que los dos se unan.

Pincele la masa con más huevo batido y después córtela en 8 rodajas gruesas. Unte con aceite una bandeja de hornear. Coloque las rodajas de masa con el lado cortado hacia arriba en la bandeja preparada. Precaliente el horno y hornee 10 minutos a 200 °C, hasta que la masa aumente de tamaño y se dore.

Mientras tanto, vierta el jugo de naranja y el azúcar blanquilla en una cacerola. Añada las ciruelas y deje que se cuezan 5 minutos a fuego lento, sin dejar de remover.

Una las palmeras por pares con las ciruelas como relleno; espolvoree con azúcar de lustre y sírvalas con una cucharada de *crème fraîche*.

Para preparar palmeras con frutas de temporada, en lugar de ciruelas, utilice frutas de temporada. Trocee 450 g de ruibarbo fresco o corte en rodajas 400 g de ciruelas claudias deshuesadas. Emplee 450 g de frambuesas si puede conseguirlas. Prepare el postre como se indica en la receta.

macedonia de bayas

4 raciones
tiempo de preparación **10 minutos**, más tiempo de enfriado
tiempo de cocción **10 minutos**

3 **naranjas**
50 g de **azúcar granulado**
1 **vaina de vainilla**, cortada
1 **trozo de canela en rama**, ligeramente machacado
250 g de **fresas** frescas
200 g de **cerezas** frescas
125 g de **frambuesas** frescas
125 g de **arándanos**

Exprima las naranjas. Vierta el jugo obtenido en una jarra medidora y añada agua fría hasta que alcance los 300 ml. Viértalo en una cacerola con el azúcar, la vaina de vainilla y la canela. Caliéntelo a fuego lento, sin dejar de remover, hasta que se disuelva el azúcar, y después déjelo a fuego lento 5 minutos, hasta obtener un jarabe ligero.

Retire la cacerola del fuego y deje enfriar el jarabe por completo. Saque la vaina de vainilla y la canela.

Quite el pedúnculo a las fresas y córtelas por la mitad; póngalas en un cuenco con el resto de las bayas y vierta encima el almíbar. Mezcle bien y deje que la fruta se macere durante 30 minutos a temperatura ambiente.

Para preparar macedonia aromática de bayas con agua de rosas, vierta 300 ml de agua fría en una cacerola con 75 g de azúcar blanquilla y 1 trozo de canela en rama ligeramente machacado. Caliéntelo a fuego lento, sin dejar de remover, hasta que el azúcar se haya disuelto, y después déjelo hervir a fuego lento durante 5 minutos. Saque la canela y luego retire la cacerola del fuego y deje que el almíbar se enfríe. Incorpore 1 cucharada de agua de rosas y las bayas.

zabaglione de cerezas y canela

4 raciones
tiempo de preparación
10 minutos
tiempo de cocción
12-15 minutos

4 **yemas de huevo**
125 g de **azúcar blanquilla**
150 ml de **jerez cream**
1 pizca generosa de **canela** molida
425 g de **cerezas negras** en almíbar
2 **galletas *amaretti***, desmenuzadas, para decorar

Vierta 5 cm de agua en una cacerola de tamaño medio y llévelo a ebullición. Cúbrala con un cuenco grande resistente al calor, asegurándose de que el agua no entre en contacto con la base del cuenco. Deje que el agua hierva a fuego lento y después añada las yemas de huevo, el azúcar, el jerez y la canela. Bata de 5 a 8 minutos, hasta que la crema se espese y espumee, y, al levantar el batidor, caiga formando un hilo.

Escurra parte del almíbar de las cerezas y póngalas, con un poco del almíbar, en una cacerola pequeña. Caliéntelas y después distribúyalas entre 4 vasos de postre.

Vierta el *zabaglione* caliente por encima y decórelo con galletas *amaretti.* Sirva inmediatamente.

Para preparar *zabaglione* de albaricoque y vainilla, sustituya el jerez por marsala, prescinda de la canela y añada a las yemas de huevo 2 gotas de extracto de vainilla y la ralladura de ½ limón. Utilice albaricoques en lata en lugar de cerezas negras. Continúe como se indica en la receta.

migas de ruibarbo, pera y mazapán

4 raciones
tiempo de preparación
20 minutos
tiempo de cocción
35-40 minutos

400 g de **ruibarbo**, cortado en rodajas finas
1 **pera** madura, pelada, sin corazón y cortada en rodajas
100 g de **azúcar blanquilla**
125 g de **harina**
50 g de **mantequilla**, cortada en dados
125 g de **mazapán**, rallado en trozos gruesos
almendras fileteadas, para esparcir
natillas, para servir

Ponga el ruibarbo y la pera con la mitad del azúcar en una fuente de hornear de 1,2 l de capacidad.

Incorpore el resto del azúcar en un robot de cocina, añada la harina y la mantequilla y tritúrelo todo hasta que la mezcla se parezca al pan rallado. También puede poner los ingredientes en un cuenco, añadir la mantequilla y frotar con las yemas de los dedos hasta que la preparación tenga una textura semejante al pan rallado. Incorpore el mazapán.

Distribuya las migas sobre la fruta y espolvoree con almendra fileteada. Precaliente el horno y hornee de 35 a 40 minutos a 180 °C hasta que las migas se doren. Compruebe la cocción cuando hayan transcurrido de 15 a 20 minutos, y, si es necesario, cúbralas con papel de aluminio para impedir que se doren demasiado. Sírvalas calientes con crema de natillas.

Para preparar migas de ciruela, manzana y mazapán, sustituya el ruibarbo por 500 g de ciruelas cortadas por la mitad y deshuesadas, y la pera por 1 manzana para cocinar tipo Bramley, pelada, sin corazón y cortada en láminas. Continúe como se indica en la receta. Las migas pueden prepararse en cantidad y conservarse en el congelador dentro de una bolsa de plástico hasta que se necesiten.

milhojas dulces de *wantun*

12 raciones
tiempo de preparación **10 minutos**, más tiempo de enfriado
tiempo de cocción **3 minutos**

2 cucharadas de **azúcar blanquilla**
½ cucharadita de **canela** molida
9 ***wantun***
25 g de **mantequilla sin sal**, derretida
125 g de **queso mascarpone**
1-2 cucharadas de **azúcar de lustre**, y un poco más para espolvorear
1 cucharadita de **jugo de limón**
125 g de **fresas frescas**, sin pedúnculo y cortadas en rodajas

Mezcle el azúcar blanquilla y la canela. Corte los *wantun* en cuartos, úntelos con la mantequilla derretida y rebócelos con el azúcar especiado.

Precaliente el horno; póngalos en una bandeja de hornear y hornéelos 2 o 3 minutos a 200 °C, hasta que estén crujientes y se doren. Déjelos enfriar en una rejilla.

Bata el mascarpone con el azúcar de lustre y el limón en un cuenco y extienda un poco de esta crema sobre 12 de los *wantun* crujientes. Ponga encima la mitad de las rodajas de fresa. Repita el proceso con otros 12 *wantun* y el resto de la mezcla de mascarpone y de las rodajas de fresa para hacer una segunda capa. Cubra con el resto de los *wantun* y espolvoree con azúcar de lustre. Sírvalos con champán o cava, si lo desea.

Para preparar milhojas dulces de *wantun* con bayas, utilice frambuesas o moras en lugar de las fresas, y sustituya el mascarpone por 150 g de *crème fraîche.*

índice

aceitunas
guiso de verduras provenzal 132
magdalenas de aceitunas y piñones 24
sopa de calabaza con salsa de aceitunas 116
agua de rosas
ensalada aromática de bayas con agua de rosas 228
frapé de melocotón y agua de rosas 214
aguacate
ensalada
clásica italiana tricolor 140
de tomate, aguacate y melocotón 140
salsa de aguacate 42
albaricoques
albaricoques escalfados con pistachos 202
puré de albaricoque 34
zabaglione de albaricoque y vainilla 230
alcachofa
pizza de alcachofas y mozzarella 194
algas 13
almacenamiento 9
almendras
ensalada de berros, almendras y queso stilton 152
melocotones escalfados con almendras 202
alubias
al horno 136
con patatas asadas 136
ensalada de judías y alubias mixtas 156
hummus de alubias, limón y romero 68
lasaña de champiñones, habichuelas y tomate 90
sopa
de alubias pintas 114
con acompañamiento bajo en grasa 114
de pasta y alubias con aceite de albahaca 124
tempura de verduras 164
anacardos
curry de patata, garbanzos y anacardos 104
apionabo
sopa de verduras y arroz 120
arándanos
crepes con salsa de arándanos 32
macedonia de bayas 228
migas de melocotón y arándanos 206
salchichas de puerro y tomillo con salsa de arándanos rojos 84
tortilla suflé con mermelada 208
arroz
broquetas vegetarianas con *pilaf* 94
empanadillas de arroz 80
pilaf con especias variadas 94
risotto
al estilo asiático 96
al estilo italiano 96
cremoso de guisantes y menta 80
con queso brie 80
de remolacha y mascarpone con piñones 88
y queso de cabra 88
sopa de verduras y arroz 120
avellanas
ensalada de puerro a la plancha con avellanas 142
bolitas de rábano picante 130
ricota con miel y frutos estivales 34
avena
pan de soda y avena 180
azafrán
tajín de verduras al azafrán 128

bayas
macedonia
aromática de bayas con agua de rosas 228
de bayas 228
milhojas dulces de *wantun* con bayas 234
sorbete de bayas estivales 216
berenjena
buck rarebit de berenjena 86
curry de berenjena y tomate 104
cuscús y verduras al grill 76
gratén de berenjena y queso de cabra 186
lasaña de berenjena 186
panini con berenjena y mozzarella 48
preparado de berenjena para mojar tortillas de harina 60
tajín de verduras al azafrán 128
tostas de berenjena con pesto 86
berros
ensalada de berros, almendras y queso stilton 152
bolitas de masa 130
boniatos
al horno 166
con especias indias 168
panini con queso fontina y boniato 48
pieles de boniato crujientes 166
sopa de boniato y coco 122
brécol
tempura de verduras 164
tofu frito con albahaca y guindilla 98
bruschetta
con tomates y ricota 50
con higos, roqueta y queso feta 50

calabacines
broquetas vegetarianas con *pilaf* 94
cuscús y verduras al grill 76
tempura de verduras 164
calabaza
calzone de calabaza asada y salvia 192
canelones de calabaza y ricota 100
con especias indias 168
con pesto de nuez 64
curry de calabaza, tofu y guisantes 74
pastel
de cebolla, calabaza y salvia 106
de hojaldre *filo* de calabaza 106
pizza de calabaza asada y salvia 192
sopa
cremosa de calabaza, cilantro y coco 122
de calabaza con salsa de aceitunas 116
de calabaza moscada asada 116
tempura de verduras 164
caldo vegetal 13
canelones *véase* pasta
caramelo
migas de manzana con caramelo 206
cebollino
goulash con bolitas de cebollino 130
cerezas
macedonia de bayas 228
zabaglione de cerezas y canela 230
champiñones
broquetas vegetarianas con *pilaf* 94
desayuno vegetariano integral 22
frittata de champiñones 102
lasaña
de champiñones, habichuelas y tomate 90
de espinacas y champiñones 90
risotto
al estilo asiático 96
al estilo italiano 96
sopa de champiñones con mantequilla de trufa 112
tajín de verduras al azafrán 128

chirivías
caldo invernal de verduras
y cerveza 120
gratén de patata y chirivías
188
hortalizas asadas
con pesto de perejil
160
chocolate
magdalenas de chocolate
y nueces 38
mousse de chocolate 200
y naranja 200
tarta de queso
de chocolate 212
ciruelas
migas de ciruela, manzana
y mazapán 232
palmeras de naranja
con ciruelas 226
cítricos
cruasanes cítricos
y especiados 36
clementinas
clementinas caramelizadas
222
y aromatizadas con
hierbas 222
coco
sopa
cremosa de calabaza,
cilantro y coco 122
de boniato y coco 122
colinabo
caldo invernal de verduras
y cerveza 120
crepes *véase* huevos
cuscús
ensalada de cuscús
especiada 146
tabbouleh 146
y verduras al grill 76
cruasanes 36

espaguetis *véase* pasta
espárragos
ensalada de espárragos
a la plancha con
piñones 142
frittata de espárragos,
tomate y queso feta 102
huevo cocido con
espárragos 20
pizza de espárragos
y queso *taleggio* 194
sopa estival de guisantes
y espárragos 118
espinacas
canelones de espinacas
y ricota 100
ensalada de espinacas
y gorgonzola 152
frittata de queso de cabra
y espinacas 54
hojaldre de espinacas
y queso feta 176
lasaña de espinacas
y champiñones 90

fideos 12
ramen
de champiñones 126
de verduras 126
frambuesas
buñuelos de plátano con
salsa de frambuesas 204
macedonia de bayas 228
ricota con miel y frutos
estivales 34
sorbete de frambuesa 216
tortilla suflé con
mermelada 208
fresas
cruasanes estivales
de crema de fresa 36
frapé de fresas y lavanda
214
macedonia de bayas 228
frittata véase huevos

garbanzos
curry de patata, garbanzos
y anacardos 104
falafel en pan pita 62
hummus de garbanzos
y guindillas 68
tajín de verduras
al azafrán 128
gnocchi
con mantequilla
de salvia 46
con pesto
de nueces 64
con tomates
ciruela y gratén
de mantequilla de
salvia 46
goulash
con bolitas de
cebollino 130
granada
haloumi con salsa
de granada 42
guindillas
magdalenas de guindilla
y maíz dulce 182
pan de maíz con guindilla
y maíz dulce 182
salsa de guindilla
de Sichuan 66
sopa de alubias pintas 114
tofu con aliño de vinagre
de guindilla 58
guisantes
crostini con pesto de
guisantes y ricota *52*
curry de calabaza, tofu
y guisantes 74
de vaina
ramen de verduras 126
espaguetis con guisantes
y menta 82
risotto cremoso de
guisantes y menta 80
sopa
de guisantes, patata
y roqueta 118
estival de guisantes
y espárragos 118
tofu frito con albahaca
y guindilla 98

higos
al horno con queso
de cabra 56
bruschetta con higos,
roqueta y queso feta 50
ensalada de higos,
judías verdes y pacanas
tostadas 156
hojaldre
de higos, queso de
cabra y *tapenade* 174
de pasta *filo* con
plátano e higos 218
rellenos de mozzarella
y albahaca 56
tajín de verduras
al azafrán 128
hinojo
ensalada
de hinojo, naranja
y perejil 144
de sandía, hinojo
y feta 144
gratén de hinojo 134
guiso de hinojo, pernod
y naranja 134
hojas de lima *keffir* 13
buñuelos de maíz dulce
y hojas de lima *keffir* 44
huevos 11
crepes
con salsa
de arándanos 32
con salsa de manzana
especiada 32
desayuno vegetariano
integral 22
frittata
de espárragos, tomate
y queso feta 102
de queso de cabra
y espinacas 54
de queso de cabra
y salvia 54
huevo pasado por agua
con espárragos 20
con pan y mostaza 20
huevos revueltos
con pesto 26
con queso 26
pan con huevo
dulce 16
y queso parmesano 16
rösti
con huevo escalfado 28
de patata con huevo
frito 28
tortilla
con tomates a la
albahaca 92
de queso y tomate 18
de roqueta y queso
de cabra 18
rellena de tomate 92
suflé con mermelada
208
de naranja 208
zabaglione de albaricoques
y vainilla 230
hummus
de alubias, limón y romero
68
de garbanzos y guindillas
68

jengibre
wantun de setas y jengibre
66

judías
ensalada
de espinacas
y gorgonzola 152
de higos, judías verdes y
pacanas tostadas 156
de judías y alubias
mixtas 156

lasaña *véase* pasta
lavanda
frapé de fresas y lavanda
214
lentejas
sopa de zanahoria
y lentejas al curry 110
tajín invernal de verduras
y lentejas 128
limones
espaguetis con habas
tiernas y limón 82
hummus de alubias, limón
y romero 68

maíz
buñuelos de maíz dulce
envueltos en lechuga 44
y hojas de lima *keffir* 44
magdalenas de guindilla
y maíz dulce 182
pan de maíz con guindilla
y maíz dulce 182
mantequilla
gnocchi con mantequilla
de salvia 46
polenta suave con
mantequilla de salvia 170
sopa de setas con
mantequilla de trufa 112
magdalenas
de aceitunas y piñones 24
de chocolate y nueces 38
de guindilla y maíz dulce
182
de queso, tomate y albahaca
24
de triple chocolate 38
manzanas
buñuelos de manzana con
salsa de moras 204
crepes con salsa de
manzana especiada 32
hojaldre de pasta *filo* con
manzana especiada
218
migas
de ciruela, manzana
y mazapán 232
de manzana con
caramelo 206
marsala 13
mazapán
migas
de ciruela, manzana
y mazapán 232
de ruibarbo, pera
y mazapán 232
melocotones
ensalada tomate,
aguacate y melocotón
140
escalfados con
almendras 202
frapé de melocotón
y agua de rosas 214
migas de melocotón
y arándanos 206
milhojas
dulces de *wantun* 234
con bayas 234
mirin 13
moras
buñuelos de manzana
con salsa de moras
204
mousses 200

naranjas
cruasanes cítricos
y especiados 36
ensalada de hinojo,
naranja y perejil 144
guiso de hinojo, pernod
y naranja 134
mousse de chocolate
y naranja 200
palmeras de naranja
con ciruelas 226
tortilla suflé con
mermelada de naranja
208
nueces
magdalenas de chocolate
y nueces 38
pesto de nuez 64
sopa de setas con nueces
y tomillo 112
tartaletas de cebolla,
nueces y queso azul
70

pacanas
ensalada de higos,
judías verdes y pacanas
tostadas 156
pan
bruschetta
con tomates y ricota 50
con higos, roqueta
y queso feta 50
con huevo dulce 16
con huevo y queso
parmesano 16
crostini
con pesto de guisantes
y ricota *52*
con pesto de habas
tiernas y eneldo 52
de hierbas aromáticas
y queso 184
de maíz con guindilla
y maíz dulce 182
de soda y avena 180
de soda y semillas
variadas 180
ensalada de pan
de Oriente Próximo 148
y tomate 148
falafel en pan pita 62
huevo pasado por agua
con pan y mostaza 20
pudín
clásico de pan
y mantequilla 224
de *brioche* con
helado 224
pasta
canelones
de calabaza y ricota 100
de espinacas y ricota
100
espaguetis
con guisantes y menta
82
con habas tiernas
y limón 82
lasaña
de berenjena 186
de champiñones,
habichuelas y tomate
90
de espinacas
y champiñones 90
pasta
con pesto de perejil 160
con salsa provenzal 132
sopa de pasta y alubias con
aceite de albahaca 124
patatas
alubias al horno
con patatas asadas 136
curry de patatas, guisantes
y anacardos 104
desayuno vegetariano
integral 22
ensalada de patata 150
ensalada de patatas
nuevas, albahaca
y piñones 150
gnocchi
con mantequilla
de salvia 46
con tomates ciruela y
gratén de mantequilla
de salvia 46
goulash con bolitas
de cebollino 130
gratén de patata con
costra de piñones 188
gratén de patatas
y chirivías 188
patatas nuevas
asadas con ajo y romero
162
estofadas con especias
162
rösti con huevo escalfado
28
rösti de patata con huevo
frito 28
sopa de guisantes, patata
y roqueta 118
peras
migas de ruibarbo, pera
y mazapán 232
pesto 86
de guisantes y ricota 52
de nueces 64
de perejil 160
huevos revueltos
con pesto 26
pasta con pesto de perejil
169
tostas de berenjena
con pesto 86
piña con salsa de *toffee* 220
piñones
ensalada
de espárragos a la
plancha con piñones
142

de patatas nuevas, albahaca y piñones 150
gratén de patata con costra de piñones 188
magdalenas de aceitunas y piñones 24
risotto de remolacha y mascarpone con piñones 88
pistachos
albaricoques escalfados con pistachos 202
pita *véase* pizza
falafel en pan pita 62
plátanos
buñuelos de plátano con salsa de frambuesas 204
con salsa de *toffee* 220
hojaldre de pasta *filo* con plátano e higos 218
pepino
cuscús *tabbouleh* 146
ensalada
campesina griega con *haloumi* 154
de pan de Oriente Próximo 148
preparado de pepino y menta para mojar tortillas de harina 60
polenta
suave con mantequilla de salvia 170
triángulos de polenta a la brasa 170
pomelo
cruasanes cítricos especiados 36
ponzu
salsa *ponzu* para mojar 164
puerros
ensalada de puerro a la plancha con avellanas 142
hamburguesas de puerro y tomillo con queso azul 84
salchichas de puerro y tomillo con salsa de arándanos rojos 84
pimientos
broquetas vegetarianas con *pilaf* 94
cuscús y verduras al grill 76
ensalada de pan de Oriente Próximo 148
guiso de verduras provenzal 132
pimientos
de colores asados con queso 78
rellenos asados 78
pizza de pita con queso de cabra y pimientos asados de bote 196
tempura de verduras 164

queso
bruschetta
con higos, roqueta y queso feta 50
con tomates y ricota 50
buck rarebit de berenjena 86
canelones
de espinacas y ricota 100
de calabaza y ricota 100
crostini con pesto de guisantes y ricota *52*
ensalada
campesina griega con *haloumi* 154
clásica italiana tricolor 140
de berros, almendras y queso stilton 152
de cuscús especiada 146
de espinacas y gorgonzola 152
de roqueta y queso 18
de sandía, hinojo y feta 144
frittata
de espárragos, tomate y queso feta 102
de queso de cabra y espinacas 54
de queso de cabra y salvia 54
gratén de berenjena y queso de cabra 186
guiso de verduras provenzal 132
haloumi con salsa de granada 42
hamburguesas de puerro y tomillo con queso azul 84
higos
al horno con queso de cabra 56
rellenos de mozzarella y albahaca 56
hojaldre
de espinacas y queso feta 176
de higos, queso de cabra y *taponado* 174
de tomate y feta 178
de verduras al grill y queso de cabra 174
lasaña de berenjena 186
magdalenas de queso, tomate y albahaca 24
milhojas dulces de *wantun* 234
pan
con huevo y queso parmesano 16
de hierbas aromáticas y queso 184
panini
con berenjena y mozzarella 48
con queso fontina y boniato 48
pimientos de colores asados con queso 78
pizza
de alcachofas y mozzarella 194
de calabaza asada y salvia 192
de cuatro quesos 190
de espárragos y queso *taleggio* 194
de pita con queso de cabra 196
de tomates cereza y queso 190
ricota con miel y frutos estivales 34
risotto
cremoso de guisantes y menta con queso brie 80
de remolacha y mascarpone con piñones 88
de remolacha y queso de cabra 88
tajín de verduras al azafrán 128
tarta de queso de chocolate 212
tiramisú 212
tartaletas de cebolla y queso de cabra 70
nueces y queso azul 70
tortilla
de queso y tomate 18
de roqueta y queso de cabra 18
tosta con setas silvestres y camembert 30
tostas de berenjena con pesto 86

remolacha
risotto de remolacha
y queso de cabra 88
y mascarpone con piñones 88
romero
hummus de alubias, limón y romero 68
patatas nuevas asadas con ajo y romero 162
roqueta
bruschetta con higos, roqueta y queso feta 50
ensalada de roqueta y queso 18
sopa de guisantes, patata y roqueta 118
tortilla de roqueta y queso de cabra 18
ruibarbo
migas de ruibarbo, pera y mazapán 232

salchichas
salchichas de puerro y tomillo con salsa de arándanos rojos 84
salsa
de aceitunas 116
de aguacate 42
de arándanos 32
rojos 84
de frambuesas 204
de granada 42

de manzana especiada 32
de moras 204
de ostras 98
de *toffee* 220
ponzu para mojar 164
provenzal 132
sandía
ensalada de sandía, hinojo y feta 144
savoiardi, galletas 12
semillas
pan de soda y semillas variadas 180
setas
hojaldre de setas variadas 176
ramen de setas 126
sopa de setas
con mantequilla de trufa 112
con nueces y tomillo 112
tosta con setas silvestres y camembert 30
variadas 30
wantun
crujiente de setas 66
de setas y jengibre 66
soda, pan de
pan de soda
y semillas variadas 180
y avena 80
sopas 110-124
sorbetes
de bayas estivales 216
de frambuesa 216

tabbouleh
cuscús 146
tahini, pasta 13
tapenade
hojaldre de higos, queso de cabra y *tapenade* 174
tarta de queso
de chocolate 212
tiramisú 212
toffee, salsa de 220
tofu
asado y especiado 58
con aliño de vinagre de guindilla 58
con verduras y salsa de ostras 98
curry de calabaza, tofu y guisantes 74
frito con albahaca y guindilla 98
tomates
broquetas vegetarianas con *pilaf* 94
bruschetta con tomates y ricota 50
curry de berenjena y tomate 104
cuscús *tabbouleh* 146
ensalada
campesina griega con *haloumi* 154
clásica italiana tricolor 140
de pan y tomate 148
de tomate, aguacate y melocotón 140
frittata de espárragos, tomate y queso feta 102
gnocchi con tomates pera y gratén de mantequilla de salvia 46
gratén de berenjena y queso de cabra 186
hojaldre de tomate y feta 178
lasaña
de berenjena 186
de champiñones, habichuelas y tomate 90
magdalenas de queso, tomate y albahaca 24
pan con huevo y queso parmesano 16
pizza de tomates cereza y queso 190
salsa de tomate 100
sopa especiada
de tomate y alubias mexicanas 124
de zanahoria y tomate 110
sopa de alubias pintas 114
tortilla
con tomates a la albahaca 92
de queso y tomate 18
rellena de tomate 92
tostas de berenjena con pesto 86
tomillo
hamburguesas de puerro y tomillo con queso azul 84
salchichas de puerro y tomillo con salsa de arándanos rojos 84
sopa de setas con nueces y tomillo 112
trufa, mantequilla de 112

vainilla
zabaglione de albaricoque y vainilla 230
vinagre
vinagre de guindilla 58
vincotto 13

yogur
preparado
de berenjena
para mojar tortillas de harina 60
de pepino y menta
para mojar tortillas de harina 60

wakame, algas 13
wantun
crujiente de setas 66
de setas y jengibre 66
milhojas
dulces de *wantun* 234
dulces de *wantun* con bayas 234

zabaglione 230
zanahoria
caldo invernal de verduras y cerveza 120
hortalizas asadas con pesto de perejil 160
sopa
de zanahoria y lentejas al curry 110
especiada de zanahoria y tomate 110
tajín invernal de verduras y lentejas 128

agradecimientos

Editora ejecutiva: Nicola Hill
Editora: Ruth Wiseall
Subdirectora creativa: Karen Sawyer
Diseño: Janis Utton
Fotografía: Ian Wallace
Estilismo gastronómico: Louise Pickford

Fotografía especial: © Octopus Publishing Group Limited/Ian Wallace

Otras fotografías: © Octopus Publishing Group Limited/ William Lingwood 55, 65, 79, 93, 147, 153, 195, 197, 205, 209, 215, 223, 227, 231, 233; Lis Parsons 37; William Shaw 43, 175.